SALTO

Die Pantherin: eine junge Frau, eine geheimnisvolle Spielerin im Halbdunkel des Billardsaals. Was bedeutet ihr Spiel? Gibt es den einen Moment, in dem sich alles entscheidet? Und wenn ja, wie meistert man ihn?

Die düstere Halbwelt des Billardsaals ist ein Zufluchtsort für Verrückte und Verlassene.

Die wahren Spieler, die Profis, kommen nachts. Dann hört man nur noch das Rollen der Kugeln und das Klicken der Queues. Eine Männerwelt zwielichtiger Gestalten – bis die Pantherin erscheint. Schlank, geschmeidig, schwarz gekleidet, mit dunkler Sonnenbrille. Jeder der Spieler tritt gegen sie an, überlegen feixend, und sie besiegt alle ohne ein Wort. Als schließlich der beste, der legendäre Engländer Jones, eintrifft und ihr zur Begrüßung die Hand reicht, nimmt sie ihre Brille ab und beide schauen einander an. Dann beginnen sie zu spielen.

Stefano Benni ist bekannt als grandioser Erzähler. Mit der Geschichte der Pantherin ist ihm ein kleines Meisterwerk gelungen.

»Überschäumende Fantasie, skurrile Charaktere und eine wildbewegte Sprache – ach, wenn doch deutsche Autoren auch so schreiben könnten.« Kulturnews

Stefano Benni

DIE PANTHERIN

Aus dem Italienischen von Mirjam Bitter

Verlag Klaus Wagenbach Berlin

Inhalt

Die Pantherin

In Erinnerung an Roberto Roversi

Tras los fuertes barrotes la pantera
Repetirá el monótono camino
Que es (pero no lo sabe) su destino
Jorge Luis Borges

Hinter den starken Stäben wird der Panther
Den eintönigen Weg stets wiederholen,
der (doch weiß er es nicht) sein Schicksal ist
Jorge Luis Borges

(Übersetzung Gisbert Haefs)

Als ich sie das erste Mal sah

Als ich sie das erste Mal sah, war ich fünfzehn Jahre alt.

Ich hatte die Schule verlassen und wollte auch nicht mehr dorthin zurück. Wenn ich meine Zeit schon vergeuden sollte, wollte ich selbst entscheiden, wie. Daher verbrachte ich die Tage und Nächte damit, mir weh zu tun, mit der heiligen Dummheit der Jugend. Ich las nur Bücher über Selbstmorde, verkehrte mit Gaunern, trank alles Mögliche, von Magenbittern bis zu gut abgelagertem Weinbrand, rauchte und rühmte mich eines Katarrhs, der nach einem Achtzigjährigen klang. Ich lebte allein, in der Garage eines alten, reichen und senilen, von Pflegekräften umgebenen Onkels.

Auch wenn es so aussah, als beeilte ich mich, wartete nirgendwo jemand auf mich. Ich folgte den Mädchen auf der Straße, hatte aber nicht den Mut, sie anzusprechen. Dreimal pro Woche jobbte ich als Kellner in einer Pizzeria, die so dreckig war wie ein Barbarenlager. Alle Kunden machten mich gereizt: Wenn sie finster dreinschauten, deprimierten sie mich; wenn sie fröhlich lachten, gingen sie mir auf die Nerven; durch Gäste, die allein da waren, fühlte ich mich selbst allein; ich beneidete die Pärchen, war aber Experte darin geworden, jedes Anzeichen von Langeweile und Gewohnheit an ihnen zu erkennen. Lacht ihr nur, dachte ich, es wird nicht lange dauern. Und einmal, als ich eine blonde Traumfrau mit einem alten Knacker sah, pisste ich auf ihre Pizza. So wenig, dass es nicht entdeckt werden würde, aber genug, um einen Geschmack von pikantem Öl hinzuzufügen. Das waren meine großen Unternehmungen.

Wenn ich von der Arbeit kam, streifte ich die ganze Nacht umher, im diabolischen Straßenlaternenlicht der Vororte oder im Schaufensterwalhalla des Stadtzentrums; manchmal las ich, auf einem Mäuerchen sitzend, teilte Tetrapacks Wein und eiskalte belegte Brötchen mit Verzweifelten, rülpste den Mond an wie eine Kröte und war tage-, ja monatelang immer gleich angezogen.

Bis ich eines Abends Delòn traf. Er lag ausgestreckt auf den Stufen einer Kirche, das Gesicht voller Blut, mit nur einem Schuh, verrenkt wie eine Leiche im Film. Ich fragte, ob ich ihm irgendwie behilflich sein könnte.

»Ja. Hast du eine Million?«, antwortete er.

Sie hatten ihn erwischt, als er versuchte ein Auto zu klauen, und ihn zusammengeschlagen. Wir wurden quasi Freunde. Wegen des Schauspielers, dem er zu ähneln meinte, ließ er sich Delòn nennen. Er war ganz hübsch, allerdings mit einem zu derben Gesicht für die Rolle des Verdammten; seine Kindheit hatte er in einem Waisenhaus damit verbracht, Schellen&-Schwengeln von Priestern auszuweichen. Er behauptete, triumphalen Erfolg bei Frauen zu haben, aber im Kino brauchte er nur einen Bauchnabel zu sehen, schon masturbierte er wie ein Eremit und störte alle anderen mit seinem Gekeuche.

Er verschwand für einen Monat, und als ich ihn wiedersah, trug er einen lächerlichen Nadelstreifenanzug mit einer Krevetten-Krawatte, womit er aussah wie ein angehender Zuhälter. Er erzählte mir, dass er einen guten Job gefunden habe, in einer verwunschenen Höhle, wo es vielleicht auch für mich etwas zu tun gäbe.

Der magische Ort war der größte Billardsalon der Stadt, die *Accademia dei Tre Principi*.

Dort würde ich ihr begegnen.

I Tre Principi

Der Billardsalon *I Tre Principi* beziehungsweise die ›Akademie der drei Prinzen‹ war ein weitläufiger Keller, der ein Jahrhundert zuvor von den geheimnisvollen Anbetern des Elfenbeingottes ausgehoben worden war. Vom Lärm der Stadt stieg man drei Treppenfluchten hinab, die mit Virilia und Vaginas bebildert waren, um schließlich eine dunkle und stille Welt im Mittelpunkt der Erde zu betreten. Als ich das erste Mal meinen Fuß in diese Welt setzte, staunte ich. Ich sah dreiundvierzig Smaragdseen, von einem kalten Licht erleuchtet, dreiundvierzig Markenbillardtische: Elefanten oder Drachen aus Holz, Schiefer und flauschigem Tuch. Vierzig in Zehnerreihen und drei abgesondert und besonders, die ›drei Prinzen‹ am Ende des Raums. Über jeden Elefanten wachten Neonlampen, die an einer blutroten Zimmerdecke aufgehängt waren. In ihrem Lichthof schwebte eine Galaxie aus Staub und mikroskopischen Gespenstern umher, und zwischen einer Lichtlache und der nächsten taten sich Abgründe aus Halbschatten auf, wo die Gäste entlangliefen, schwammen, verschwanden. Vor allem rauchten sie ununterbrochen. In der Dunkelheit stiegen Spiralen von den Zigarren und Zigaretten auf, sie kamen mir vor wie die Seelen derer, die dort unten gefallen waren.

Mit der Zeit ließen mich die Billardtische nicht mehr an Smaragdseen denken. Manchmal wirkten sie auf mich wie Gräber. Gräber, um die herum eine melancholische und desillusionierte Menschheit trauerte. Alte Pensionäre, ungezähmte, wettsüchtige alte Vetteln, Zigarre rauchende Nutten, junge Tagediebe wie ich, Alkoholiker, Kartenspieler, Existenzen auf der Kippe. Alle zwischen der Bar und den Billardtischen hin und her laufend und dabei die Füße durch Sägespäne und Zigarettenstummel schleifend, wie in einem verlassenen Zirkus.

Andere Male wiederum schien mir der Salon ein fröhlicher Ort, eine Zufluchtsstätte für verrückte Philosophen. Ein Planet, auf dem es immer Nacht war, wo man den Verkehrslärm der Stadt nicht hörte, sondern nur das Rollen der Kugeln, das Klicken der Queues, die raschelnden Schritte der Spieler. Hier erwartete man nicht ›Recht‹, sondern ›Schicksal‹, nicht ein ›Darum‹, sondern ein ›Wer weiß‹. Man verlangte von den Stunden, dass sie auf leisen Sohlen vorbeigehen und sich vor dem Schmerz verstecken. Man verwettete kleine Vermögen, jubelte über Siege und Niederlagen, die sofort vergessen wurden. Man wartete auf irgendetwas, aber vor allem lernte man, nichts zu erwarten.

Delòn und ich waren die *garçons* für alles. Wir mussten an der Bar helfen und die Klos putzen, wo das Klopapier rar war wie Pergament und edle Hände

Hieroglyphen sündiger Hoffnung zeichneten, *Ruf mich an, ich mache Blowjobs wie ein Engel.* Im Geruch von Erbrochenem und Kippen polierten wir Böden und Aschenbecher auf Hochglanz, jede Sekunde erblühte eine Zigarette, wir erlebten eine einzige Jahreszeit, einen nebligen Herbst, und die von den Lampen angestrahlten Rauchfahnen schienen wie Geysire aus dem Boden hervorzuquellen. Manchmal brachten wir den ›wahren Spielern‹ (nur den wahren, den Unterschied erkläre ich später) etwas zu trinken. Und zur Öffnungs- und Schließzeit ent- und bekleideten wir die Billardtische, die mit einem schwarzen Schweißtuch bedeckt wurden, wie schlafende Elefanten. Wir mussten genau nachschauen, ob auf der glatten Spieloberfläche irgendeine kleine Macke zu sehen war, eine Wunde oder irgendetwas, das ihr gleichmütiges Antlitz entstellte.

Von Zeit zu Zeit ließ uns Sussurro, der Rauner, die Wetteinsätze einsammeln. Sussurro war der Boss des Lokals, er hatte ein Söldnergesicht und von einer Kehlkopfoperation eine raue Stimme. Wenn jemand nicht zahlte, schritt der Pharao ein. Fett, schnauzbärtig und gehorsam, seltener Fall eines Eunuchen mit Eiern in der Hose und Klappmesser in der Tasche. Und hinter der Bar stand Margherita, Sussurros Frau, Medusenhaar und rotlackierte Krallen. Wehe, wenn man ihren Zorn erregte.

»Ihr kleinen Wichser«, sagte sie zu uns, »arbeitet anständig und vor allem: Geht nie durch die Grüne Tür.«

Die Grüne Tür schwebte oben auf einer Galerie, die den Raum beherrschte. Von Zeit zu Zeit verschwand jemand dahinter. Was auch immer dort drin sein mochte, es war anziehend und verboten, zumindest für Delòn und mich.

Alle möglichen Leute kamen ins *Tre Principi*. Neugierige, Tagediebe, Wettenabschließer und vor allem diejenigen, die keinen anderen Ort hatten, wo sie hätten hingehen können. Und natürlich die Spieler. Und die interessierten mich. Auch bevor *sie* erschien.

Es gab verschiedene Spielertypen. Die Filzstecher, so wurden die schwachen Spieler genannt, halbreiche Schüler, die die Schule schwänzten, mit irgendeinem jungen Mädchen im Schlepptau den Laden aufmischten und ihre Gläser auf den Rand des Billardtischs stellten. Wehe ihnen. Drohend kam der Pharao an und knurrte mit leiser Stimme: »Die Tischtennisplatte steht in der Bar gegenüber.«

Dann gab es eine Menge Spieler ohne Talent, die im Halbschlaf ihren alten Bahnen folgten, unterbrochen von Hohngelächter und Flüchen.

Und dann auch die Maulhelden, Durchschnittsspieler, die nie Meister werden würden, sich aber als solche rühmten oder davon träumten, welche zu sein. Das waren diejenigen, die ununterbrochen von Partien und großen Triumphen redeten, bei denen sie zugegen gewesen waren. Und deren Helden sie nie sein würden. Sie krittelten herum, spuckten große Töne, logen wie gedruckt. Und sie träumten davon, wahre Spieler zu werden, solche mit Magie in den Händen.

Die wahren Spieler, nicht mehr als dreißig, spielten fast immer an den ›Prinzen‹.

›Prinzen‹ hießen die drei Billardtische am Ende des Raums. Der ›Märchenprinz‹, blau und ohne Löcher, für Carambolage und andere italienische Spielvarianten, der ›Schwarze Prinz‹ aus dunklem Holz, mit engen Löchern für Poolbillard, und der ›Kronprinz‹, drei Meter siebzig lang, einer der ersten, auf denen man English Billards und Russische Pyramide spielen konnte. Am Anfang verstand ich nicht, was an ihnen so anders war, bis ich mit der Zeit bemerkte, dass sie eine besondere Musik erzeugten. Das Rollen der Kugeln, das Stoßen des Queues, sogar das Plumpsen der Kugel, die ins Loch rollte, hatten einen stillen Zauber, der nur ihnen eigen war. Wie unterschiedlich war doch die Musik der Spiele, Carambolage und Snooker, Russische Pyramide und 9-Kegel-Billard, und die tausend Tanzvariationen des Gottes Yar.

Derjenige, der entschied, ob man an einem der ›Prinzen‹ spielen durfte, war ein alter Blinder, der Vanes hieß und für mich Borges. Nur für mich, denn ich war der Einzige, der ein Porträt des Schriftstellers gesehen hatte, und er ähnelte ihm. Er saß immer an derselben Stelle, an der Längsseite des ›Märchenprinzen‹. Bevor er erblindete, war er ein großer Spieler gewesen, und er trug immer einen Stock bei sich, einen ehemaligen Queue, der als Knauf eine elfenbeinerne Weltkugel hatte, eine prähistorische Perle. Borges sah zwar nichts, doch er wusste genau, was an jedem Billardtisch vor sich ging, er nahm wahr, wie sich die Körper spannten und die Muskeln den Stoß vorbereiteten, er hörte den trockenen Kuss der Queues, das Geräusch der Spielbahnen, das Schlucken der Löcher, die Lawine der Männchen – ein bescheidener Name für diese so wichtigen kleinen Kegel. Borges begriff die Enttäuschung und den Triumph einen Augenblick vor den anderen, er ahnte die Ungenauigkeit und den Applaus voraus. Er sah und verstand, mit irgendeinem geheimnisvollen Sinn, wie jedes Spiel verlief, vielleicht auch, wie es ausgehen würde. Und er entschied, ob jemand würdig war, an einem der ›Prinzen‹ zu spielen, wenn nicht, wurde er verscheucht.

Seine Autorität war unumstritten. Das begriff ich, als ein Neuankömmling, ein angeberischer junger Typ mit Schottenweste, auf dem ›Schwarzen Prinzen‹ spielen wollte.

»Das ist nichts für dich«, sagte Borges.

»Woher wollen Sie das wissen?«, protestierte der Junge. »Sie sind blind, Sie wissen doch überhaupt nicht, wie ich spiele.«

»Du hast gerade da hinten am Billardtisch Nummer achtzehn gespielt und drei Partien hintereinander gewonnen«, sagte der Alte.

»Eben.«

»Aber du hast schlecht gespielt, du hast gegen einen Toten gewonnen«, sagte Borges. »Wenn du willst, sage ich dir, bei wie vielen Zügen du Fehler gemacht und wie viele Punkte du deinem Gegner geschenkt hast.«

»Aber Signor Vanes …«, protestierte der Junge.

»Und es gefällt mir nicht, wie deine Schuhe quietschen, teuer und unbequem«, machte Borges es kurz.

Der junge Kerl zog ab, mit seinem zerbrochenen kleinen Traum. So war dieser Ort, voller Träume, die wie Hüte zu Boden fielen, und man setzte sie sich immer wieder auf, jedes Mal ein bisschen verformter und verstaubter. Doch manche sehen mit Hut aus wie Bogart, andere wie ein Bauerntölpel.

Delòn und ich hatten zwar keinen Hut, aber Träume sehr wohl. Während wir Klos putzten oder Zigarettenstummelgarben zusammentrugen, schalteten wir das Radio ein und hörten die Beatles. In der Stille der Sperrstunde blieben wir allein und streichelten den grünen Elefanten über den Rücken, bevor wir sie zudeckten und zum Einschlafen brachten. Wenn Sussurro gegangen war, spielten wir ein paar Züge, säuberten die Queues, polierten die Kugeln auf Hochglanz. Oft waren wir betrunken von den Magenbitter-, Campari- und Fernet-Resten, die wir aus den herumstehenden Gläsern zusammenschütteten. Tödliche Almosencocktails. Ich streckte mich auf einem der ältesten Billardtische aus, blies Rauch himmelwärts zur Milchstraße der Lampen und träumte davon, sie zu treffen. Denn man hatte mir von ihr erzählt, mit plötzlich leuchtenden und verträumten Augen.

Wann?

Sie kommt, verschwindet und kehrt zurück.

Doch keiner weiß, wann sie wiederkommt. Putz die Spucknäpfe, Junge.

Die Spieler

Der Billardsalon machte um siebzehn Uhr auf. Doch für zwei, drei Stunden gab es nur kleinere Partien, Geplauder und unzählige Gläser Wein, Anisplätzchen, blutige Aperitifs und Mokkalikör für ewiges Herzrasen. So kam der Abend. Und mit ihm die wahren Spieler, die Profis.

Sie hatten keine Uniform, etwa ein Jackett mit einem Wappen, sondern sahen sehr unterschiedlich aus. Vielleicht verband sie ein gewisser ironischer und distanzierter Gesichtsausdruck. Sie waren die ärmsten Aristokraten der Welt.

Mir schienen sie weise, Menschen, die Metropolen, Wüsten und Schlachtfelder durchquert hatten. Die meisten hatten sich wohl nie aus diesem Viertel wegbewegt. Ich bewunderte die Ehrerbietung, mit der sie begrüßt wurden, den sicheren Gang, mit dem sie in Vorbereitung auf das Spiel erst einmal zur Bar gingen. Die Langsamkeit ihrer Gesten. Den Blick, mit dem sie die laufenden Partien beurteilten, bevor sie jemanden herausforderten oder eine Herausforderung annahmen. Manche kamen jeden Tag. Andere verschwanden und tauchten irgendwann wieder auf. Nicht mehr als dreißig. Manche waren Spezialisten im Carambolage, andere in der Goriziana, dem 9-Kegel-Billard, andere im Poolbillard oder der Russischen Pyramide. Konstellationen eines gemeinsamen Universums. Das einzige Unterscheidungsmerkmal war der Queue. Diejenigen, die gut mit den Händen spielen konnten, wie bei der italienischen Spielvariante Boccette, gingen in einen anderen Salon; im *Tre Principi* spielte man nur mit Queue, man musste mit jenem wundersamen Schwert aus Palisander, Ahorn, Überseehölzern umgehen können. Er war der Logos, der das Chaos der Winkel ordnete, der subtile Herausforderer von Spielbahnen, die Waffe, die das Herz des Billards entzweischlagen konnte, die Kegel in geordneter Reihe abschießen, sie dem Erdboden gleichmachen, um sie wieder auferstehen und von Neuem fallen zu sehen.

Er war der Zauberer, der die Carambolagekugeln herumwirbeln, sich küssen und berühren lassen konnte und so Allianzen und Zusammenstöße schuf. Oder die bunten Kugeln in die Hölle der Löcher schickte und ihr Durcheinander entwirrte, sie anvisierte, wenn sie sich hinter den anderen versteckten oder an den Banden zusammenklebten, mit unerbittlicher Präzision, wie der Scharfschütze auf sein Opfer zielt.

Das waren die Ritter der ›Drei Prinzen‹, unter der blinden Autorität von Borges.

Mein Lieblingsspieler war Tamarindo, immer violett gekleidet, ein Gesichtsausdruck wie bei einer Milonga, professioneller Spieler. Gegelte Haare, dunkle Brille und über der Schulter eine Tasche mit seinen persönlichen Queues aus Aluminium, die er behutsam abstellte, wie ein Killer sein Präzisionsgewehr. Seine Hände waren grob und voller Ringe, scheinbar ungeeignet und plump. Er war kalt, präzise, lachte nie. Zwischen einem Stoß und dem nächsten rauchte er in einer Tour, mit Zigarettenspitze, und trank Gin. Er sprach kaum und gewann fast immer. Wenn er verlor, so sagte man, lag es daran, dass er zu lange hinter der Grünen Tür geblieben war.

Dann war da die Mumie. Bucklig, mit einem abgenutzten Mäntelchen und einem runzligen gelben Gesicht, wie eine Zitrone, die man im Kühlschrank vergessen hat, er sah aus wie ein Hundertjähriger. Doch wenn er den Mantel abnahm, schauten aus seinem karierten Jackett seine Hände hervor. Lang und knochig, wie die Hände eines Skeletts. In ihnen steckte Magie. Und wenn er sich auf dem Rand ausstreckte oder sich für einen schwierigen Stoß auf den Billardtisch stützte, vergaß man sein Alter, es schien, als schwimme er durch die Luft, dies war sein Element. Er kannte die Schwachpunkte aller anderen. Er wusste, wo er die Kugel hinbugsieren musste, damit sie für den Gegner an der schwierigsten, ungeeignetsten Stelle lag. Ab und zu lachte er leise und schüttelte den Kopf, um zu provozieren. Er gewann oft. Doch er verlor immer öfter, weil er immer schlechter sah, aber keine Brille tragen wollte.

Außerdem gab es die Brüder Bandiera, zwei grobschlächtige und primitive Metzger, doch mit zarten Händen, sie konnten mit derselben blutigen Anmut einen Ochsen zerlegen oder sich eine Carambolage ausdenken. Es gab zudem einige junge Talente, darunter den Caprese, der für das Billard eine Karriere als Taschendieb aufgegeben hatte. Oder den Welpen, dessen Hand gerade so aus dem Ärmel eines zu großen Pullovers hervorschaute, sodass der Queue wie eine Prothese aussah. Oder Banéna, ein verrückter Kellner, der wirkte wie aus *Psycho*. Oder Elvis, ein Rock'n'Roll-Tänzer, der zwischen einem Stoß und dem nächsten Tanzschritte einflocht. Sie gewannen, doch sofort bildeten sie sich etwas darauf ein, und schon bestrafte sie jemand dafür.

Dann war da noch der Stinker. Niemand hätte sich vorstellen können, dass er ein wahrer Spieler war. Fettleibig, mit einem Doggengesicht, steckte er in einem Prince-of-Wales-Anzug voller Flicken. Er schnaufte und schwitzte ununterbrochen, man konnte meterweit seinen Pestgestank riechen. Und es machte ihm Spaß, alle zu verspotten. Wenn er sich über den

Billardtisch beugte, richtete er die Weltkarte seines Arschs gen Zimmerdecke und ließ Fürze fahren, dass die Lampen nur so wackelten. Dann lachte er. Doch das war seine Taktik. Der Gegner, ob er sich nun darüber entrüstete oder ob er lachte, verlor an Konzentration. Sobald er nach Punkten hinten lag, furzte der Stinker wieder vermehrt. Und er konnte spielen, und wie.

Garibaldi wiederum hatte einen dichten Bart und ein Horn aus Koralle um den Hals hängen. Tremal-Naik spielte immer mit Hut, weil sein Schädel von einer Narbe in zwei Hälften geteilt wurde, ein Arbeitsunfall. Ab und zu bekam er eine Krise und fiel in Ohnmacht, ging aber nicht nach Hause, sondern kam wieder zu sich und spielte die Partie zu Ende. Pedro schlug vor jeder Partie das Kreuz und fluchte wie ein Berserker. Willy saß stundenlang unbeweglich da und trank Bier, dann stand er schwankend auf und gelangte, durch die Luft schwimmend wie ein Floß im Meer, zum Billardtisch. Man dachte, er würde gleich umfallen oder nicht einen einzigen Stoß ausführen können. Doch das grüne Tuch setzte die Scherben seines Schädels wieder zusammen. All sein Schwanken kanalisierte sich auf magische Art in den Queue, er zielte schief und mit sonderbaren Taktiken, doch er spielte großartig, und sobald die Partie zu Ende war, kehrte er in die Versenkung seines Rauschs zurück und war nicht mehr in der Lage, irgendetwas zu tun.

Dann war da noch John, der auf den Kreuzfahrtschiffen in Amerika spielen gelernt hatte. Valdo, der nur eine Hand hatte und den Queue auf den Armstumpf stützte. Und der Professor, der jeden Stoß und Spielstand mit Bleistift in einem schwarzen Heft notierte, und als er starb, fand man in seiner Wohnung dreihundertfünfzig davon. Und weitere, an die ich mich nicht mehr erinnere. Oft kam ein Champion aus irgendeiner anderen Akademie oder einem Salon und war eine neue Herausforderung. Die Smaragdseen wurden von neugierigen Augen umringt. Rauchwolken erfüllten den Raum, und ich schaute von Weitem zu, ich sah zwar keine wahre Freude, aber eine grandiose Rebellion gegen den Schmerz, das schon. Das waren traurige, unsichere und wilde Existenzen. Doch alle hatten jeden Tag etwas mit der Glücksgöttin Fortuna zu tun, mit der großartigen, wahren Partie, dem großartigen, wahren Stoß, jenem, der den Lauf der Sterne und der Geschichte verändern würde. Dreißig Meter unter der Stadt in dieser dunklen Höhle trank man, wettete man und die Männer verloren, lebten wieder auf, hielten durch.

Aber irgendetwas fehlte.

Es waren alles Männer, nur selten kam irgendeine komische alte Vettel, die sich treiben ließ, eine wütende Ehefrau, eine abenteuerlustige junge Frau. Eines Abends, als ich die Smaragdseen betrachtete und der stürmischen Rollbrandung der Kugeln zuhörte, spürte ich einen Stich in der Brust und begriff, was an diesem Ort wirklich fehlte.

Es fehlte eine Göttin.

Als ich sie das erste Mal sah, war ich fünfzehn Jahre alt

Ich war gerade mit Kloputzen fertig, was an jenem Abend noch schlimmer war als üblich. Es gibt nicht nur einen Geruch nach Scheiße, es existieren diverse und zahlreiche Scheißearomen, so viele wie Parfums in einer Vitrine, mit Nachgeschmack und harmonischen Noten von Stoffwechseln, Schwefel und Stauungen. Die Toiletten waren auf dem Hochparterre, in der Nähe der Grünen Tür, und von der Galerie konnte ich das Meer der Billardtische sehen. Aus irgendeinem Grund war Delòn ins Innere der verbotenen Tür gelassen worden, ich nicht. Deshalb verbrachte ich nun häufig Stunden allein. Wie an jenem Abend, als ich bemerkte, dass gleich etwas geschehen würde.

Alle hörten zur gleichen Zeit auf zu spielen, und es herrschte mit einem Mal eine unwirkliche Stille. Sie schauten alle in eine Richtung.

Und da kam die Pantherin.

Schlank, geschmeidig, blass.

Ganz in Schwarz gekleidet, von der Lederjacke über den Rollkragenpullover und die Hosen bis zu den Stiefeletten.

Schwarz der Pagenkopf, schwarz die Divenbrille. Die einzige Farbe in jener gut durchdachten und faszinierenden Finsternis: der karminrote Lippenstift.

Dein Mund ist eine glühende Kohle im schwarzen verzehrten Feuer.

Dein Mund ist eine Rose in der ertrunkenen Ophelia Hand.

Dein Mund ist eine Wunde, vor der allein du gefeit bist.

Wie alt war sie? Zwanzig oder dreißig, das ist unwichtig, Königin ist man in jedem Alter. Ihr folgte Rasciomon, ihr Fahrer für alles. Sie setzte sich an die Bar, nahm die Jacke ab und führte eine Zigarette zum Mund. Sie rauchte immer dieselben Muratti Ariston in der eleganten rot-blauen Schachtel. Der ehrerbietige Pharao ließ ein Zippo aufschnappen. Sie nahm mit einer langsamen Geste Feuer. Es schien mir, als würde sie nach oben in die Rauchfahnen schauen und mich sehen. Doch vielleicht war das nur Wunschdenken. Ich erinnerte mich an alles, was ich über sie gehört hatte.

Die Geschichte der Pantherin

Sie war sehr jung Waise geworden und wurde von einem Onkel aufgezogen, der eine Bar am Stadtrand besaß. Ein heruntergekommenes Viertel voller vom Smog vergifteter Gebäude und unerwarteter Unkraut-Tundren, die von fröhlichen Huren und verzweifelten Hunden bewohnt wurden. Der Name des Mädchens war einigen Stimmen zufolge Maria, ein äußerst banaler Name für eine zukünftige Legende.

Nach der Grundschule ließ der Onkel sie hinter der Theke arbeiten. Er war ein Saufbold, der sie schlug und vielleicht noch Schlimmeres, wenn es stimmt, dass man zweimal die Carabinieri ihre Wohnung über der Bar hat betreten sehen. Mariapantherin sprach fast nie und schaute den Kunden nicht in die Augen. Doch es gab bereits etwas in ihrer Art zu gehen oder sich die Haare in Ordnung zu bringen, das die Männer verstörte. In dem Lokal standen zwei Billardtische. Man spielte bis drei Uhr nachts. Das junge Mädchen hatte Angst, zu Hause zu schlafen, und wenn sie den Onkel betrunken schnarchen hörte, kehrte sie geräuschlos in die Bar zurück. Dort legte sie leise Musik auf. Sie war nicht größer als der Queue. Stundenlang spielte sie dann allein Billard. Sie wiederholte die Züge, die sie den Tag über gesehen hatte, erfand sie neu. Sie träumte davon, mit anderen Kindern zu spielen. Also verdoppelte sie sich in zwei Spielermädchen, die Rote und die Weiße. Die Rote spielte immer auf Risiko, die Weiße spielte ruhig. Man weiß nicht, wie viele Nächte sie an jenem Billardtisch verbracht hat, wie oft sie die Spielbahnen und Kombinationen erneut ausprobierte, wie intensiv sie die Wunderlichkeiten und Tücken des grünen Drachens studierte. Manch einer behauptet, sie spielte zehn Jahre lang jede Nacht. Eines Nachts schlief sie auf dem Billardtisch ein. Der Saufboldonkel fand sie am Morgen und verprügelte sie. Da kam Rasciomon vorbei. Er war ein riesenstarker Ex-Sträfling mit Gesichtszügen wie ein Japaner und arbeitete als Träger beim Obst- und Gemüsemarkt. Er sah die Szene, schritt ein, verpasste dem Onkel einen Fausthieb und streckte ihn zu Boden. Wehe dir, wenn du das nochmal versuchst, sagte er.

Von da an waren die Pantherin und er unzertrennlich. Er hatte sie lieb wie eine Tochter, sie war das einzig Schöne, was ihm je im Leben begegnet war. Sie flohen in eine andere Stadt. Rasciomon bemerkte, welche Fähigkeiten das Mädchen im Billard besaß. Also fingen sie an, durch die Bars zu ziehen. Zuerst spielte er, und verlor. Dann sagte er: Was hältst du davon, um etwas Geld gegen meine Nichte zu spielen? Alle lachten. Hast du Schiss?, fragte er mit herausfordernder Miene und legte Geld auf den Tisch.

Sie war dafür geboren. In den Händen, im Hirn, im Herzen hatte sie ein wundersames Talent. Der Billardgott hatte sie zu seiner Geliebten auserwählt. Sie gewann immer. Schon damals, mit sechzehn Jahren, trug sie Schwarz und rauchte. Für einige Jahre, so geht die Legende weiter, reiste sie durch das ganze Land, spielte, wurde immer besser und gewann. Bis sie vom *Tre Principi* hörte. Ich möchte dort spielen, sagte sie. Bisher haben wir Dilettanten und Einfaltspinsel aus der Provinz geschlagen, sagte Rasciomon, aber dort ist das etwas anderes.

Genau, sagte die Pantherin.

Keine Legende ist hingegen, wie sie sich in der ›Akademie‹ vorstellte. Sie kam eines Abends um sieben, gefolgt von Rasciomon, der die Queuetasche trug. Lange rauchte sie an der Bar, gleichgültig gegenüber den Blicken aller Anwesenden. Dann stand sie auf und näherte sich Tarzan, einem starken und großmäuligen Spieler, bekannt für seine Leopardenkrawatten und für das wilde Geschrei, mit dem er jeden gelungenen Stoß begleitete.

»Ich möchte gegen Sie spielen«, sagte die Pantherin.

Tarzan lachte ihr ins Gesicht.

»Und worum spielen wir, um Bonbons?«

Rasciomon zeigte zwei Zehntausender-Scheine.

Tarzan lächelte die Umstehenden an und öffnete weit die Arme, wie um zu sagen: Warum sollte ich auf zwei leicht verdiente Riesenscheine verzichten?

»Na gut«, sagte er, »mir scheint, du brauchst eine Lektion, Kleine. Was willst du spielen? Goriziana? Poolbillard?«

»Goriziana ist okay«, antwortete die Pantherin. »Aber auf dem Billardtisch dort drüben.«

Und sie zeigte auf den ›Märchenprinzen‹.

»Nein, Süße«, grinste Tarzan, »da spielen nur die Könner.«

Da geschah etwas, an das sich alle erinnern. Borges gab der Pantherin ein Zeichen, und sie näherte sich.

»Gib mir die Hand«, sagte Borges und drückte sie ihr.

Dann lächelte er und sagte: »Das Mädchen darf auf dem Prinzen spielen.«

Mehr brauchte Borges nicht. Er hatte in jenem Händedruck eine starke Entschlossenheit gespürt, die ihn überzeugte. Man brauchte Mut, um jene Höhle voller Zyklopen zu betreten und einen wahren Spieler herauszufordern.

Borges hatte gut gesehen. Tarzan begann großtuerisch und mit Gebrüll. Mit den ersten Zügen ging er zwanzig Punkte in Führung. Die Pantherin spielte vorsichtig, studierte den Billardtisch. Sie machte keine außergewöhnlichen Züge. Dann, beim vierten, stellte sie sich direkt vor Tarzan und nahm die Sonnenbrille ab. Darunter erschienen zwei grüne Augen orientalischen Zuschnitts, Schwertklingen.

Sie streckte sich mit katzenhafter Leichtigkeit auf dem Billardtisch aus und stieß zu, ein höllischer Stoß über drei Banden.

Tarzan begriff sofort, dass er verloren war.

Von jenem Tag an, so sagt die Legende, gewann die Pantherin vierzig Herausforderungen in Folge, ohne eine einzige Niederlage. Sie verlor nur gegen einen Franzosen, aber anscheinend hatte man ihr etwas in ihren Wodka gemischt. Sie bekam einen schönen Batzen Geld zusammen. Dann war sie den ganzen Winter über verschwunden. Jemand meinte, sie spiele in den Salons an der Côte d'Azur. Andere meinten, sie sei in eine schlechte Wettgesellschaft geraten. Wieder andere meinten gar, sie habe einen Billardsalon in Amerika eröffnet.

Doch nun war sie zurückgekehrt.

Die Herausforderung

Da stand sie, wenige Schritte von mir entfernt, umringt von den Neugierigen, rauchte sie ruhig ihre Muratti und trank Pernod. Sie war so nah und doch so weit weg, unerreichbar, einem anderen Himmel entliehen. Aber jetzt stand sie da. Sie flüsterte Rasciomon etwas ins Ohr, der Riese übermittelte die geheimnisvolle Nachricht dem Pharao, und dieser winkte mich herbei.

Ich stand neben der Pantherin, roch ihren Duft und schaute sie an, die schwarze Sonnenbrille war undurchdringlich.

»Geh Tamarindo holen«, trug mir der Pharao auf, »klopf dreimal an die Grüne Tür.«

Während ich die Treppe zu der geheimnisvollen Tür hochstieg, hörte ich die Nachricht wie einen Sturm durch den ganzen Salon sausen. Die Pantherin war zurückgekehrt, mit geschärften Krallen, um einen der wirklich Großen, einen Champion des Salons herauszufordern.

Ich klopfte an die Grüne Tür. Ein Mann mit leichenblassem Antlitz öffnete mir. Ich sah zwei Pokertische. An einem anderen Tisch würfelten Leute mit seltsamem Grinsen. Der dicke Rauch war undurchdringlich und herb, das war nicht nur Tabak. Auf einem Sofa saß ganz benebelt Delòn, und ein Mann mit gefärbtem Haar hatte ihm einen Arm um die Schultern gelegt. Auf einem anderen Sofa lümmelte, Wasserpfeife rauchend, Tamarindo zwischen zwei auffälligen, leicht derangierten Blondinen.

»Signor Tamarindo …«, setzte ich an.

»Wenn du mich wegen Nichtigkeiten störst, kümmer dich um deinen eigenen Scheiß«, sagte Tamarindo mit belegter Stimme.

Ich wartete einen Augenblick, um den Satz so deutlich wie möglich auszusprechen:

»Signorina Pantherin möchte mit Ihnen spielen«, sagte ich.

Tamarindo rutschte ein halber Fluch heraus, und er erhob sich schwerfällig. Jemand riet ihm, die Herausforderung in diesem Zustand lieber nicht anzunehmen. Doch es gab im *Tre Principi* einen Kodex, und Tamarindo war ein Gentleman.

Fünf Minuten später stand er vor dem Billardtisch. In violettem Samt glänzend, mit einem Hemd aus schwarzer Seide und gut geknoteter rosa Krawatte. Sein Haar glänzte von der Pomade, und er hob den Kopf. Das Adrenalin der Herausforderung hatte ihn in die Welt der Lebenden zurückgebracht.

Er öffnete die Tasche und setzte die beiden Stücke seines bevorzugten Queues zusammen. Der Pantherin sah er nicht ins Gesicht, auch das war Teil des Spiels.

»Zwei von drei in der Goriziana«, sagte er, »bis dreihundert Punkte.«

Der Herausgeforderte hatte das Recht, zu wählen, was für eine Partie gespielt würde.

»In Ordnung«, sagte die Pantherin, »wer gewinnt, bekommt fünfzigtausend.«

Sie nahm ihre Brille ab, und erneut funkelten die grünen Klingen.

So hatte ich das Glück, sie zum ersten Mal spielen zu sehen. Ich sah, wie sie sich langsam, ruhig und mörderisch um den Billardtisch bewegte. Wie sie Stöße und Winkel wählte, ohne auch nur mit der Wimper zu zucken, ihr weicher Mund halboffen, als singe sie innerlich, in absoluter Konzentration. Ich sah, wie sie sich mit ihrem kurvenreichen Körper auf den Billardtisch stützte, ich sah sie sich biegen, nach vorne schnellen und sich zurückziehen, ich verspürte Sehnsucht, wie jeder, der ihr zusah. Ich sah, wie sie erlesene Geometrien erdachte, und ich begriff, dass sie die Kugel auf eine ganz eigene Art mit dem Queue berührte. Nicht Kraft, sondern Schnelligkeit. Ein Blitz, ein Biss, ein Wespenstich – und die Kugel rollte ihrem Schicksal entgegen.

Bei der ersten Partie verpatzte sie einen einzigen Stoß. Tamarindo, anfangs gleichmütig, wurde sichtlich nervös. Er bat um Ruhe, rieb hektisch Kreide auf die Queuespitze. Überlegte sich Stöße und Positionen jeweils nochmal anders. Er spielte gut, sehr gut sogar, doch es reichte nicht. Seine Kugel wurde von Erfahrung und Technik geführt, die der Pantherin aber war von einem Zauber ergriffen, von Instinkt geleitet. Auf den Raum hatte sich eine Stille herabgesenkt, selbst an den entfernten Tischen spielte niemand mehr, während die Anzeigetafel die Zahlen immer weiter durchrollen ließ, unnachsichtig gegenüber Tamarindo, der achtundsiebzig hinten lag. Tamarindo hatte einen Steilflug nach oben, er stieß eine herrliche Kugel, die sechzig Punkte gab, und hob den Queue wie ein Schwert in die Luft, um sich Mut zu machen. Sie waren fast gleichauf. Doch das war eine Täuschung. Es folgten zwei teuflische Stöße mit dem Schaft, die die Pantherin mit einer Natürlichkeit ins Ziel schoss, als wären es die einfachsten der Welt. Es wirkte fast so, als schaue sie das grüne Tuch gar nicht an: Genau wie Borges wusste sie schon vorher, was passieren würde. Sie gewann die erste Runde. Bei der zweiten machte sie einige kleine Fehler. Durch diesen Hoffnungsschimmer spielte Tamarindo zwei prächtige Züge. Er verbeugte sich vor dem Beifall des Publikums. Auch die Pantherin applaudierte. Doch ihr Applaus war eine Verurteilung. Als sagte sie zu ihm: Ehre sei dir, der du besiegt bist. Drei, vier magische Stöße, und die Pantherin erreichte die dreihundert Punkte. Tamarindo erschlaffte. Bier und Opium, Müdigkeit und Frust überfielen ihn, er löste den Knoten seiner Krawatte, der zu einer verwelkten Rose wurde, er schien um ein Jahrhundert gealtert.

Da begriff ich, dass die Macht der Pantherin schrecklich war. Beim Spielen rächte sie sich für irgendetwas, und nichts würde sie je aufhalten.

Die Nachricht, dass die Pantherin einen der größten Champions des *Tre Principi* geschlagen hatte, bedeutete nur eines. Nämlich, dass andere wahre Spieler ihre Herausforderung annehmen würden und viele aus anderen Salons, aus anderen Städten kommen würden, um sie herauszufordern. So geschah es. Zuerst kamen zwei von nicht allzu weit her, doch ich lag krank im Bett und sah sie nicht. Sie gewann natürlich. Dann kam Tic Tac.

Tic Tac

Tic Tac war mindestens so legendär wie die Pantherin, manche hielten ihn für einen der fünf stärksten Spieler des Landes. Sein Spitzname erklärte sich mir, sobald er die ›Akademie‹ betreten hatte.

Groß, fahl, mit einem Pferdegesicht und einer Warze auf einer Wange, war Tic Tac von der erschütterndsten Sammlung an Ticks und Grimassen besessen, die ich je gesehen hatte. Er hob ständig eine Augenbraue, verzog den Mund zu einem Grinsen und schnaufte mit einem seltsam asthmatischen Klang voller Katarrh. Er raufte sich seine langen, ins Blonde gehenden Haare und war immer in Bewegung, einen Schritt nach vorne, einen zurück, und aus irgendeiner Obsession für Symmetrie ab und zu über Kreuz. Er rauchte nicht, kaute aber ununterbrochen Pfefferminzbonbons, und zwischen einem Stoß und dem nächsten verlor er auf alle mögliche Arten Zeit. Einige meinten, dass seine Ticks echt seien, dass er zwei Jahre im Irrenhaus verbracht habe, wo er bei Schlaflosigkeit tausende imaginäre Partien gespielt habe. Anderen zufolge waren die Ticks eine Taktik, um den Gegner nervös zu machen und den Spielrhythmus zu unterbrechen. In der Tat gelang ihm das fast immer, er ließ absichtlich seinen Queue fallen, röchelte mit seinem asthmatischen Atem, zog seine Jacke aus und wieder an. Und er spuckte wie ein Lama in ein dreckiges gelbes Taschentuch.

Als er eintraf, gab er der Pantherin nicht die Hand. Er begann wie besessen seine Queues zu polieren. Die Hände in den Taschen schlenderte er zwischen den Tischen umher. Nach einer Stunde erschien er am Billardtisch, ging aber sofort darauf zur Toilette und blieb dort eine weitere halbe Stunde.

Als er fertig war, stellte er sich der Gegnerin gegenüber. Ihren gefährlichen Blick vermied er. Er schien ruhiger, nur die Augenbraue tanzte auf der Stirn auf und ab. Mit leiser Stimme brummelte er so etwas wie eine Verwünschung. Dann begann er mit seinen Ritualen.

Er ignorierte die Anzeigetafel, als ob der Punktestand ihm egal wäre. Der Pantherin schaute er nie ins Gesicht, sondern kehrte ihr den Rücken zu. Wenn er dann an der Reihe war, drehte er sich langsam um, riss seine Augen auf, als sehe er die Kugeln zum ersten Mal, spuckte aus und bereitete seinen Stoß vor. Zwischen einem Zug und dem nächsten sollten aus Konvention nicht mehr als dreißig Sekunden vergehen. Doch er ließ mehr als eine Minute verstreichen. In dieser Zeit inszenierte er jegliche Art von Geräuschen und manischen Gesten. Mit nervtötender Langsamkeit brachte er seine Ärmel und seine Weste in Ordnung, er bückte sich, um sich die Schuhe zu binden. Er ging an der Pantherin vorbei und tat so, als ob er stolpern würde, wobei er ihr auf den Fuß trat. Mit Getöse ließ er seinen Queue fallen. Irgendwann protestierte er auch noch wegen einer Kugel, er nahm sie in die Hand, sagte, dass mit ihr irgendetwas nicht stimme, und verlangte, dass sie ausgewechselt würde.

Unempfindlich gegen solche Provokationen spielte die Pantherin gelassen. Die erste Runde dauerte eine halbe Ewigkeit, doch die Pantherin gewann. Vor der Revanche ging Tic Tac erneut zur Toilette. Er blieb eine weitere halbe Stunde dort drinnen. Als er wieder herauskam, hatte er sein Hemd gewechselt, und waren seine Ticks zuvor lästig, so waren sie nun grauenvoll. Er entblößte das Zahnfleisch, wobei er seine kariösen Zähne zeigte, und lief wie eine Hyäne im Käfig auf und ab. Nun tat er einem leid. Vielleicht war auch die Pantherin für einen Augenblick von jener Qual erschüttert, jedenfalls verfehlte sie zwei Stöße. Doch Tic Tac machte den Fehler, nach ihrem falschen Stoß ein kurzes Freudenlachen auszustoßen. Die Pantherin begriff, dass sie nicht in die Mitleidsfalle tappen durfte. Ein Stoß mit dem Queue hinter dem Rücken und dann einer aus unmöglicher Position brachten Tic Tac an den Rand des Abgrunds, der Pantherin fehlten nur noch wenige Punkte.

Da dachte sich Tic Tac etwas aus, das er vielleicht noch nie gemacht hatte. Einen epileptischen Anfall mit viel Geifer und Zucken. Zu zweit hielten sie ihn fest.

»Vielleicht schafft er es nicht«, sagte Sussurro. »Sollen wir die Partie lieber morgen zu Ende spielen?«

Die Pantherin bleckte erbarmungslos die Zähne.

»Was sagt das Reglement, Borges?«

»Entweder du spielst jetzt oder du hast verloren, Tic Tac«, sagte Borges.

Tic Tac stand zitternd vor Wut auf. Fast riss er sich den Ärmel vom Hemd, und er spuckte ostentativ auf den Boden. Er führte einen verzweifelten Zug aus, vier Banden, vierzig Punkte. Dann schaute er schließlich der Pantherin in die Augen und warf ihr einen hasserfüllten Blick und eine gezischelte Beleidigung zu. Sein letzter Zug.

Die Pantherin erschoss ihn mit einem langsamen und tödlichen Zug. Diesmal hatte Tic Tac eine echte hysterische Krise, und man musste einen Krankenwagen rufen.

Als ich an jenem Abend mit Delòn den Salon schloss, fand ich auf einem Stuhl das Glas der Pantherin, mit den Spuren ihres Lippenstifts. Ich hielt es wie eine Reliquie in der Hand.

»Du bist in diese Mieze verknallt«, sagte Delòn zu mir, »aber ich verstehe nicht, was du an der findest, sie ist hochmütig und boshaft.«

»Und ich verstehe nicht, was du an einem Mann mit Perücke findest«, antwortete ich.

Wir lieferten uns eine wilde Prügelei. Hier endete unsere Freundschaft. Für eine Göttin war ich zu allem bereit, auch dazu, keine Freunde mehr zu haben.

Nach zwei Tagen, in denen die Pantherin sich nicht hatte blicken lassen, ging die Nachricht um, dass Chiquita in die Stadt gekommen sei. Niemand hatte ihn spielen sehen, doch er war der König (oder die Königin) des Marseiller Billards.

Er trat hinter seinem Caddie ein, ein Zwerg im Smoking, der die Queuetasche trug, und er schien mir das bizarrste Geschöpf, das ich je gesehen hatte. Ein Boxergesicht mit geschminkten blauen Augen und rosa Lippenstift, Locken, die ihm auf die Schultern fielen, und Goldringe in den Ohren, ein Spinnentattoo auf dem Hals, riesige Brüste und Herkulesarme, rotes Damenkostüm und Stiefeletten mit überdimensionierten Absätzen, auf denen er sich mit dröhnenden Prankenhieben vorwärtsbewegte. Er lief wie ein Tyrannosaurus, hatte aber die eleganten Gesten einer Ballerina, und sein Lachen war ein Trompetenstoß. Für die Leute der ›Akademie‹ war er eine Erscheinung, und manch einer machte gepfefferte Bemerkungen.

Doch Borges brachte alle zum Schweigen.

»Schaut nicht, wie er aussieht«, sagte er, »sondern wie er spielt. Falls es euch interessiert, ich bin vor zehn Jahren gegen ihn angetreten, eine der letzten Partien meiner Karriere. Und ich habe verloren.«

Die Herausforderung begann um Mitternacht. Chiquita war ins Restaurant begleitet worden, hatte drei Teller Pasta gegessen und einen Wagen voll gesottenen Fleisches sowie zwei Flaschen Wein geleert. Doch er war frisch wie eine Rose, mit seinem korallenroten

Kostüm und dem Flamenco seiner Absätze auf dem Fußboden.

»Na, mein Mädchen«, sagte er, »wollen wir doch mal sehen, ob du so hübsch spielst, wie alle sagen.«

Und er legte ein dickes Steak Banknoten auf den Billardtisch, so einen großen Stapel hatte ich noch nie gesehen.

Die Pantherin nahm die Sonnenbrille ab. Chiquita hielt ihrem Blick stand. Wenn die Augen der Pantherin Messerklingen waren, dann waren die von Chiquita ein schwarzer Himmel, die Augen von jemandem, der alles Böse der Welt kennengelernt hatte.

Sie gewannen je eine Runde. Die Kugeln rollten mit so hoher Geschwindigkeit, dass die Anzeigetafel Mühe hatte, den Punktestand festzuhalten. Chiquita war trotz seiner enormen Ausmaße beweglich wie ein Puma, er saß auf obszöne Art rittlings auf dem Billardtisch, wackelte auffällig mit dem Hintern, und nach jedem guten Stoß warf er dem Publikum Küsschen zu oder streckte unanständig die Zunge raus. Die Pantherin war elegant und ruhig wie immer.

Wie ein Karnevalswagen gegen eine Limousine, dachte ich.

Nach dem Eins-zu-eins-Gleichstand wurde eine Pause eingelegt. Chiquita rauchte einen Zigarillo. Die Pantherin schien seltsam unkonzentriert. Vielleicht verwirrte es sie, keinen Mann vor sich zu haben, sondern weniger, oder mehr. Gewiss, sie beobachtete Chiquita mit Interesse. Und ihr Interesse wurde erwidert. Und bevor die entscheidende Partie begann, schaute die Marseillerin sie an und sagte:

»Du bist zu schön für diesen Ort.«

Die Pantherin antwortete mit einem ihrer seltenen Lächeln.

Sie spielten vorsichtiger. Sie waren gleich an Phantasie und Technik, an Wahnsinn und Geometrie. Doch die Pantherin hatte noch irgendetwas. Sie war noch hungriger darauf, zu gewinnen. Und sie gewann, indem sie die letzte Kugel einlochte.

Als alles zu Ende war, trug sich eine seltsame Szene zu. Tosender Beifall brandete auf. Chiquita lachte und hob die Arme zum Himmel, als habe er gewonnen, während die Pantherin mit gesenktem Kopf in ihr Schweigen gehüllt blieb.

Die Gigantin gab ihr die Hand und flüsterte ihr zu:

»Was auch immer man dir angetan hat, hör auf mit diesem Leben.«

Die Pantherin sagte nichts, sie ließ ihre Hand für einen Augenblick in Chiquitas.

Bevor sie ging, drehte sich die Marseillerin um und sagte, diesmal so, dass es alle hören konnten:

»Hör auf die Hexe Chiquita. Früher oder später kommt die letzte Partie.«

Doch sie sprach den Satz nicht im Tonfall einer Drohung aus. In ihrer Stimme lag unendliche Pein.

In jener Nacht, um Mitternacht, hatte ich gerade die Tische fertig mit Tüchern bedeckt und durchquerte die Bar, um nach draußen zu gehen, als mir der Atem stockte. Die Pantherin saß an einem Tisch, vor einer Hekatombe von Zigarettenstummeln und Gläsern. Hinter ihr stand der schweigsame und treue Rasciomon. Er winkte mich herbei.

Ich näherte mich, mein Herz schlug wie ein Billardkugelgefecht. Sie war einen Meter von mir entfernt, und ich konnte einen Tropfen Schweiß auf ihrer Stirn glänzen sehen und eine Falte im Winkel ihres wunderschönen Mundes. Nie war sie mir so müde und so schön vorgekommen.

»Würdest du mir einen Pernod bringen? Der letzte, ich schwör's.«

Sie sagte das mit einem komplizenhaften Lächeln. Ich flog zum Tresen, füllte ein Glas randvoll, musste aber wieder etwas abgießen, weil mir die Hand zitterte und ich sonst etwas verschüttet hätte.

Sie musste meine Erregung bemerkt haben, denn sie lächelte erneut und nahm ihre Sonnenbrille ab.

Verde que te quiero verde.
Verde viento. Verdes ramas ...
Compadre, quiero morir.

Grün wie ich dich liebe, Grün.
Grüner Wind. Und grüne Zweige ...
Will, Gevatter, schicklich sterben.

»Wie alt bist du, Junge?«, fragte sie mich.

»Fünfzehn. Und ich liebe dich«, antwortete ich. Einen Teil der Antwort sprach ich natürlich nicht aus, aber er vibrierte in mir wie ein Harfenakkord.

»Und du arbeitest schon bis spät in die Nacht. Erwartet dich denn niemand zu Hause?«

»Nein, Signorina«, antwortete ich mit stockendem Atem.

»In deinem Alter sollte man nicht alleine sein«, hauchte sie mit rauer und süßer Stimme, dann machte sie eine lange Pause und einen Rauchkringel.

»In keinem Alter«, fügte sie hinzu.

In jener Nacht konnte ich natürlich nicht schlafen, ich war zu erregt. Ich masturbierte nicht, wie manch einer vielleicht denken könnte. Vielmehr leerte ich sechs Fläschchen Vecchia Romagna Brandy. Ich hörte fünfzigmal *If I fell* von den Beatles. Und mein Herz schlug immer noch heftig.

Mir kam ein Satz von Borges wieder in den Sinn, den er eines Abends mit leicht angehobenem Ellbogen ausgesprochen hatte: »Ich erinnere mich nicht mehr, aber ich bin sicher, dass ich eine unvergessliche Frau geliebt habe.«

Die Pantherin kam drei Tage lang nicht. Wir dachten, dass wir vielleicht tatsächlich eine ihrer letzten Partien gesehen hätten. Dann kam eines Abends der Pharao ganz abgehetzt mit der Nachricht:

»Er hat ein Zimmer im Excelsior genommen: Der Engländer ist in der Stadt.«

Der Engländer

Die Pantherin war eine Göttin, die über ein kleines Königreich regierte. Jones der Engländer war eine Legende, die durch die Welt reiste. Schon als er zwanzig war, erzählte man von ihm in den Billardhallen Londons, in den Salons von Paris und Casablanca, in den Luxuscasinos und Grand Hotels. Der elegante Killer, der unerschütterliche wunderschöne Junge, der die Herzen raubte und die Portemonnaies leerte. Nun war er ungefähr fünfunddreißig und galt als einer der besten Spieler des Jahrhunderts. Er hatte ein Vermögen angehäuft, aber es hieß, er habe nicht einmal eine Wohnung, er lebte in Hotelsuiten und war mit einem Jaguar MK unterwegs. Manchmal nahm er wunderschöne Frauen mit, andere Male reiste er allein. Zwar war er reich und berühmt, doch stammte er aus einer armen Familie in einem kleinen englischen Dorf. Nun reiste er mit zwei Koffern voller Smokings, Anzügen und Seidenhemden. Er ließ seine Queues von einem Hersteller seines Vertrauens anfertigen, mit silbernen Initialen. Er rauchte nicht, trank aber Markenwhisky, den er auf jede Reise mitnahm. Seit mindestens fünf Jahren war er ungeschlagen. Und nun hatte ihn der Ruhm der Pantherin bis hierher geführt.

Der Engländer forderte sie mit folgender Karte in perfektem Italienisch heraus:

Sehr geehrte Signorina,

ich bitte um die Ehre einer Partie mit Ihnen gegen zweiundzwanzig Uhr heute Abend. Ich schlage drei Runden vor, eine Goriziana mit neun Kegeln, eine auf italienische und eine etwaige Entscheidungsrunde auf amerikanische Art. Für den Spieleinsatz würde ich gerne eine mündliche Übereinkunft finden.

Hochachtungsvoll

D. Jones

Quälendes Warten. Manche Leute waren gleich bei Öffnung des Salons gekommen und hatten Stühle in der Nähe der ›Prinzen‹ belegt, um sich einen Platz zu sichern. Darunter waren viele junge, nie gesehene Frauen, die vom Charme des Fremden gehört hatten. Bald brachen Wortgefechte und Rangeleien aus, bis Sussurro einschritt. Er ließ alle aufstehen und reservierte fünfzig Sitze für seine Stammkunden. Im Streit um die restlichen Plätze sollten sie sich ruhig gegenseitig abstechen.

Um einundzwanzig Uhr dreißig trat die Pantherin ein. Zwei Minuten später, mit der Queuetasche über der Schulter, war der Engländer da.

Wenn die Pantherin die schwarze Prinzessin war, war er der weiße Ritter. Groß, blond, mit einer Haarsträhne in der Stirn, ein wunderschönes, etwas grausames Gesicht und zwei verschiedenfarbige Augen, eines blau und eines grau. Er trug einen tadellosen cremefarbenen Leinenanzug, Hemd und ein lavendelfarbenes Foulard. Das war wirklich eine neue und exotische Eleganz, die die *Accademia dei Tre Principi* erleuchtete. Nun hatten wir nicht nur eine Göttin, sondern auch einen jungen Gott.

Der Engländer gab der Pantherin die Hand, sie nahm ihre Sonnenbrille ab, und sie schauten einander an. Es dauerte nur einen kurzen Augenblick, doch passierte irgendetwas, ein kosmischer Kollaps, ein Zusammenstoß zweier Galaxien. Sie setzte ihre Sonnenbrille nicht gleich wieder auf, sondern schaute ihn weiter mit ihren grünen Augen in der Schusslinie an. Jones verneigte sich und glitt davon, dann entnahm er seiner Queuetasche eine Flasche Black Bowmore und bot Borges und den anderen Spielern Whisky an. Er lächelte und trank ein halbes Whiskygläschen, doch sein Blick kehrte von Zeit zu Zeit zu der Pantherin zurück, die einsam an einem entfernten Tisch rauchte.

Er setzte sich zu ihr. Sie einigten sich auf einen Einsatz für die erste und die zweite Runde. Nicht für die mögliche Entscheidungsrunde. Die genaue Summe wurde nie bekannt.

Dann orderte der Engländer eine Flasche Champagner, sie stießen an und unterhielten sich eine Viertelstunde lang, im Halbschatten, weit entfernt von allen anderen. Was sie einander in dieser kurzen Zeit sagten? Das weiß niemand, aber ich stellte es mir vor.

In jener Nacht und weitere tausend Nächte träumte ich jedes Wort und jeden Satz jenes geheimnisvollen Gesprächs, das mir entgangen war.

Sie erzählte ihm, wie ihr das Geräusch der Nachtzüge Gesellschaft geleistet hatte, als sie als Kind stundenlang in der geschlossenen Bar übte, und von den müden Gesichtern der Arbeiter, die um fünf Uhr morgens einen Espresso bestellten, und vom Brotgeruch, der plötzlich im dichten Nebel frohlockte. Und über die Lust, von dort wegzugehen.

Er erzählte ihr von einem efeuüberwucherten Pub mitten auf dem Land. Und von Nachmittagen an einem alten, verzogenen Billardtisch mit Löwenkopffüßen. Und einem einzigen Fenster über einem Fluss namens Leen, und dass das Morgengrauen im feinen Nebel kaum zu sehen war, er es aber fließen spürte, wie man spürt, dass das Blut fließt. Und über die Lust, von dort wegzugehen.

Sie erzählte ihm, wie sie ihren Onkel mit einem Queue geschlagen hatte, mitten in ein Auge, und von den Schreien und den bösen Blicken der Nachbarn. Und von dem Foto ihrer Mutter, die sie nie kennengelernt hatte, das sie noch in ihrem Portemonnaie mit sich trug, und wie sie mit fünfzehn ihre Jungfräulichkeit in einem Wohnwagen verlor, mit einem jungen Roma, der ihr einen fischförmigen Ohrring schenkte. Und wie sie das erste Mal ins Kino ging, um *Johanna von Orleans* zu sehen und unter jeder Einstellung litt, und wie viel sie weinte und wie sehr sie sich bereit fühlte zu kämpfen.

Er erzählte ihr von einem Steinwurf in sein Auge, der für immer dessen Farbe veränderte, von den Fußballspielen, bei denen er, schmächtig und blond, nach jedem Ball brüllte, um mit den Größeren mitzuhalten, und von einem Mädchen, das er mit seinem Gitarrenspiel eroberte und mit der er ungeschickt am Flussufer Liebe machte, vielleicht die Einzige, die er je geliebt hatte, und von den Hustenanfällen seines Vaters, der Bergmann war, und wie er immer bei sich gedacht hatte, dass er nicht enden wolle wie sein Vater.

Sie sprach von dem Tag, an dem sie zusammen mit Rasciomon den Zug nahm und einem neuen Leben voller Angst und Hoffnung entgegenfuhr, und wie sie sich nicht umgedreht hatte, um jenem Stadtviertel nachzuschauen, in das sie nie zurückkehren würde, und wie sie sich jeden Morgen beim Aufwachen nicht mehr erinnerte, in welchem Winkel der Welt sie sich befand, und die Augen in einem tristen Hotelzimmer öffnete und sich immer wieder sagte: Eines Tages werde ich eine große Villa am Meer haben.

Er sprach von seinen Eltern, die unter dem Bahnsteigdach des kleinen Bahnhofs gestanden hatten und winkten, während er mit sechs Queues, für die seine Freunde aus dem Pub zusammengelegt hatten, nach London aufbrach, und vom Widerschein der Straßenlaterne in einem schäbigen Zimmer in Camden, und wie er das Geld der ersten Siege nach Hause geschickt hatte, damit der Vater an die Küste fahren könne, aber nach dreißig Jahren in der Mine heilt nichts mehr, und von vielen Frauen, die er zerstreut geliebt hatte, und vom Schmerz, den er jedes Mal verspürte, wenn er von Ahabs Träne las.

Sie lächelte und neckte ihn ein wenig, indem sie sagte, dass Playboys Roulette spielen und nicht Billard, und sie erzählte, dass sie in Frankreich und Spanien gespielt hatte, und einmal hatte sie auch darüber nachgedacht, nach Las Vegas zu gehen, wo es ein Lokal mit zweihundert Billardtischen gibt, darunter einen aus Gold, diese dummen Amis, doch in England hatte sie noch nie gespielt, eines Tages vielleicht …

Er lächelte und sagte, dann werden Sie mein Gast sein und ich werde Ihnen die grüne Landschaft und den Fluss Leen zeigen und die lavendelfarbenen Ufer und meinen ersten Billardtisch, der nun wie eine Reliquie verehrt wird, Jones' Billardtisch, ein alter Dinosaurier aus Eiche, der länger leben wird als ich.

Oder vielleicht sagten sie auch nichts dergleichen, sondern tauschten bloß banale Bemerkungen über die Unterschiede zwischen den englischen und den italienischen Billardregeln aus und sprachen von den Beatles und wie schön ihre Sonnenbrille aus Saint-Tropez und seine Cheaney-Schuhe seien. Und wir warteten bebend.

Eine imaginäre Pendeluhr schlug zehn, sie bot ihm eine Zigarette an, und sie rauchten schweigend. Dann stand die Pantherin plötzlich auf und sagte mit lauter Stimme, wobei sie uns mit ihrem perfekten Englisch überraschte:

»Is now playing.«

Ich erinnere mich an jedes Detail dieser Partie, auch wenn in der Luft etwas lag, das sie eher einem Traum gleichen ließ als einem realen Ereignis. Nur die Neonröhren über den ›Prinzen‹ leuchteten, und im Zauber des Lichts tanzten die Spieler, rundum war alles dunkel, und im Dunkel waren unsere versteckten Seelen, unser Atem, die Glut der Zigaretten, die unsichtbaren Geräusche.

Die Pantherin war noch sinnlicher und ruhiger als sonst. Sie näherte sich dem Billardtisch, begutachtete die Lage, beugte sich und stieß. Perfekt. Panthera pardus. Kein Anzeichen von Jubel oder Enttäuschung.

Er tanzte um sie herum, betrachtete sie, kommentarlos. Wenn er an der Reihe war, nippte er an seinem Whisky, strich die blonde Strähne aus den Augen und schoss. Alles, was er tat, erschien auf wunderbare Weise einfach. Kein Stoß über Kreuz oder mit Effet, keine seltsame Position. Er entschied sich für eine Spielbahn und stieß, das war alles, jeder dachte, dass es nur so gehen konnte, dass das die richtige Art war. Doch welch ein Glanz in dieser Einfachheit lag, in diesen nackten Gesten, dem melancholischen Lächeln, mit dem er den Beifall entgegennahm.

Er schien geradezu unbeteiligt. Nur einen einzigen Zug verfehlte er, worauf er auf komische Art seinen Queue tadelte. Die Runde war lang, man spielte bis vierhundert Punkte, doch sie verging wie im Fluge. Für eine Weile waren sie quasi gleich auf, dann wirkte er für ein, zwei Züge zerstreut, die Pantherin gewann knapp.

Sie wechselten an einen anderen Billardtisch. Während sich ihre Wege kreuzten, starrte er sie an. Zum ersten Mal sah ich deutlich, dass die Pantherin den Kampf der Blicke verloren hatte. Eine neue Sicherheit, eine übermütige Herausforderung war in den seltsamen zweifarbigen Augen des Engländers erschienen. Jetzt machen wir Ernst, hatte er zu ihr gesagt.

Und so geschah es. Vom ersten Stoß an änderte der Engländer seine Taktik. Nun suchte er nach fast unmöglichen Zügen und traf sein Ziel, wobei er der Pantherin äußerst schwierige Kugeln hinterließ. Ein Vierbander seinerseits verschlug allen den Atem, Borges fragte Sussurro, ob der Zug tatsächlich so gewesen war, wie er ihn erahnt und in der Enzyklopädie des Unmöglichen katalogisiert hatte. Die Pantherin streckte sich auf dem Billardtisch aus, wie immer wunderbar und feinfühlig im Anschlag, doch der Engländer war ein Teufel, nun knallte sein Queue wie eine Pistole, die Kinetik war nun Chaos, Gesteinskriechen, Krampf. Was auch immer sie für eine Taktik vorbereitete, er warf sie über den Haufen, überraschte sie. Eine seiner Kugeln rollte gekrümmt vom Queue weg, als sei sie aus weichem Material, mit einem Effet, wie wir ihn noch nie gesehen hatten.

Jones gewann mit dreißig Punkten Vorsprung.

Nun kam das Entscheidungsspiel, das allerletzte, ein dreifaches im Poolbillard. Fünfzehn Kugeln waren wie bunte Soldaten in Dreiecksformation in der Mitte des ›Schwarzen Prinzen‹ aufgereiht und warteten auf die Befehle der Spieler.

Der Einsatz der finalen Partie war noch nicht vereinbart worden. Der Engländer näherte sich der Pantherin lächelnd und sagte etwas mit leiser Stimme.

Nur wenige hörten den Satz.

Wenn du gewinnst, bekommst du zweitausend Pfund, wenn du verlierst, kommst du mit mir.

Ich hörte diese Worte nicht, das wurde mir alles hinterher erklärt. Doch ich hatte sofort verstanden, dass viel auf dem Spiel stand, viel mehr als nur Geld.

Sie begannen zu spielen, ohne sich anzuschauen. Perfekt, als ob einer die andere ergänzen, jede eine Idee des anderen fortführen würde, sie spielten nicht *gegeneinander*, sondern *miteinander*, unwichtig, dass die Anzeigetafel sie voneinander schied. Gemeinsam suchten sie die Wunder dieses bewegten Universums, wohl wissend, dass sie vielleicht nie wieder eine Partie wie diese erleben würden. Die Pantherin beförderte zehn Kugeln ins Loch, und zehn der Engländer. Und dann wieder Gleichstand, mit neuen Meisterstücken.

Bis klar wurde, dass die Entscheidung nahte, dass die nächste Serie die Herausforderung beenden würde. Die Pantherin hatte einen ganz leichten Vorsprung. Wenn sie einen sensationellen Stoß tat, konnte sie gewinnen. Sie hob den Queue so langsam, als sei er sehr schwer geworden. Dann sah sie dem Engländer in die Augen. Dieser Blick entschied alles. Die Pantherin machte einen Fehler.

Der Engländer (ich war in der Nähe und sah es gut) wurde blass. Irgendetwas hatte plötzlich einen Riss in seiner magischen Eleganz erzeugt. Er stand kurz vor dem Sieg. Die Lage auf dem grünen Tuch war schwierig, aber weitgehend innerhalb seiner Möglichkeiten. Er zögerte eine lange Minute. Dann stieß er. Ein, zwei sensationelle Stöße. Nur noch der letzte fehlte. In der Stille meinte ich einen unterirdischen Fluss fließen zu hören, unsere angehaltenen Atemzüge.

Der Engländer stieg Jahrhunderte in die Zeit zurück, beugte sich, spannte den Bogen. Er stieß. Perfekt, das heißt fast. Die rote Kugel hielt einen Millimeter vor dem Loch an. Sie schien einen eigenen Willen zu haben, schwankte auf dem Höllenrand, fiel aber nicht hinunter. Sie blieb spöttisch und strahlend dort liegen.

Die Pantherin beförderte sie ins Loch, nun war das ganz einfach. Das Spiel war gewonnen. Erschöpft verabschiedete der Beifall die beiden. Die Pantherin blieb über den Billardtisch gebeugt, als ob sie verwundet sei. Der Engländer gab ihr eilig die Hand und ging hinaus, immer noch von tosendem Applaus begleitet, verschwand er im Dunkeln, in die nächtliche Stadt und wer weiß in welches märchenhafte, weit entfernte Grand Hotel der Dunkelheit.

Am nächsten Tag war die Pantherin erneut da, saß auf dem Barhocker. Es wirkte, als warte sie auf irgendetwas, vielleicht hatte sie mit dem Engländer eine Revanche vereinbart. Doch da kam der Pharao mit düsterem Gesicht und einem Umschlag.

In dem Umschlag war ein Scheck, der Spieleinsatz. Und eine Nachricht. In jener Nacht, kurz vor dem Morgengrauen, hatte sich der Engländer in seinem Hotelzimmer erschossen.

Noch heute erinnere ich mich. Vielleicht war es das matte Licht der Lampe, vielleicht der viele Rauch, vielleicht war es ein Schweißtropfen. Doch ich, ein fünfzehnjähriger Junge, glaube, die einzige Träne gesehen zu haben, die die Pantherin je vergossen hat. Sie verließ den Raum und ward seit jenem Tag nicht mehr gesehen.

Borges

Einige Monate waren vergangen. Ich war kurz davor, meine Arbeit im Salon aufzugeben, denn ich hatte beschlossen, meinen Bildungsweg in einer anderen Stadt wieder aufzunehmen. Doch in meinem Herzen waren zu viele Fragen. So ging ich, bevor ich aufbrach, zum alten Borges.

Der Raum schien mir dunkler und kahler und die Leute trauriger. Borges saß auf seinem üblichen Platz und grüßte mich von Weitem, indem er seinen Stock hob. Er erkannte meinen Schritt.

Ich setzte mich neben ihn und fragte:

»Warum ist das passiert?«

»An jenem Abend spielten sie zu dritt«, seufzte Borges und streichelte dabei den Knauf.

»Das verstehe ich nicht«, erwiderte ich.

»Denk darüber nach und du wirst es verstehen, Junge«, sagte Borges. »Dieser Ort hier ist voller Erinnerungen, Bedauern, verloschener Wünsche. Spielend versuchen wir zu vergessen, dass es ein Spiel gibt, das größer ist als wir und in dem viele von uns irgendetwas verloren haben, oder alles. Doch irgendetwas lässt uns hierher zurückkehren, hält uns zusammen. Ein Traum. Manch einer glaubt, eine kleine Wette zu gewinnen, beim Kartenspiel, beim Pferderennen, beim Billard. Manch einer stellt sich vor, eine Partie zu spielen, mit der er sich brüsten kann. Manch einer möchte sagen können: Ich habe eine unvergessliche Begegnung gesehen, vielleicht kann auch ich eines Tages eine solche erleben. Hier können wir glauben, dass unser Schicksal noch in der Schwebe ist, noch nicht festgeschrieben. Jede Nacht schleppen wir diesen Fetzen Hoffnung hinter uns her. Und so bringt uns der Schmerz bisweilen nicht um.

Doch nicht nur wir brauchen Hoffnung. Auch die Götter hoffen. Erinnerst du dich an den Blick, den die Pantherin dem Engländer vor ihrem letzten Stoß zuwarf? Ich habe gesehen, habe gespürt, was in ihren Herzen geschah. Sie sagte, wenn du gewinnst, folge ich dir, das Glück ist in deinen Händen, und ich gehorche Fortuna, alles, was ich bisher über die Männer und das Glück gedacht habe, kann sich jetzt in diesem Moment ändern.

Ich kann nicht sagen, ob sie absichtlich einen Fehler gemacht hat. Oder vielleicht könnte ich, aber ich sage es dir nicht. Sie würde nicht wollen, dass man das weiß. Aber ich habe es gesehen.

Und auch der Engländer hat es gesehen. Er hat gesehen, dass er etwas bekommen könnte, das alles Billard, alle Karten und Nächte und alle Reichtümer der Welt nie würden ausgleichen können. Ein neues Leben, eine unerwartete Liebe. Das ließ ihn zittern. Zum ersten Mal betäubte ihn eine zu starke Hoffnung, blendete ihn, ich habe gespürt, wie sein Arm zu Stein wurde und sein Atem zu einem Keuchen. Er machte einen Fehler. Gewiss hatte er auch Pech, aber er machte einen Fehler. Und er verstand, dass er etwas verloren hatte, das nie wiederkommen würde … alles, was vorher gewesen war, zählte nun nichts mehr … Die Einsamkeit, mein junger Freund, war der dritte Spieler in jener Nacht, zwischen ihr und ihm.«

»Aber er hätte doch … ihr irgendetwas sagen können … sie hätten … sich sehen können … darüber sprechen …«, sagte ich, den Tränen nahe.

»Sie waren Götter, allein und erbärmlich wie Götter. Sie nahmen ihr Schicksal an, das sie so gewollt hatte. Hättest du lieber ein anderes Ende gehabt?«

»Ja«, sagte ich.

»Das wird es nicht geben. Das Schicksal kennt kein Siegen oder Verlieren, es weiß sich nur zu verbergen oder zu enthüllen. Wir können kein zweites Mal spielen. Einen Augenblick sehen wir das Licht und sind davon geblendet. Geh, Junge, denk nicht weiter darüber nach. Vielleicht wirst auch du eines Tages die Kugel am richtigen Ort haben, und Fortuna nur einen Schritt von dir entfernt. Auch wenn du im Billard eine Niete bist.«

Viele Jahre sind vergangen. Borges ist tot, und das *Tre Principi* gibt es nicht mehr, an seiner Stelle steht nun ein großes Textilkaufhaus. Die Pantherin mag seit langer Zeit tot sein, oder sie mag eine über siebzigjährige Dame sein, mit glühenden und unbezwingbaren grünen Augen im faltigen Gesicht. Auch wenn die alten Wildkatzen keine Falten haben, höchstens eine weiße Schnauze. Ich stelle sie mir in einer Villa am Meer vor, wie sie mit großer Eleganz raucht und sich an die Vergangenheit erinnert. Vielleicht würde ich sie wiedererkennen, wenn ich sie sähe. Aber ich glaube nicht, dass ich ihr etwas zu sagen hätte. Oder vielleicht könnte ich ihr sagen:

Es tut mir leid, dass es so gelaufen ist, Signora. Ich hätte mir gewünscht, dass Sie und der Engländer zusammen in irgendein weit entferntes Land geflohen wären. Verheiratet und dickbäuchig, mit zehn Töchtern und Söhnen, die Billard hassen. Doch, wie man mich gelehrt hat, gibt es Spiele, die man nur ein einziges Mal spielt, und man merkt es erst, wenn die Lichter ausgehen.

Wie dem auch sei, danke, dass Sie meine Jugend erleuchtet haben. Göttin Pantherin.

Aixi

Vidi ego, quod fuerat quondam solidissima tellus,
Esse fretum, vidi factas ex aequore terras.

Was da festestes Land vorzeiten gewesen, das hab' als Meer ich gesehn, gesehn, dass Land aus Wasser entstanden.

Ovid
(Übersetzung Erich Rösch)

Es schreibt sich Aixi, sagte die Languste, aber bei uns auf Sardinien spricht man es mehr oder weniger Aiji mit einem ›j‹ wie im französischen jardin *oder in meinem Namen Juliette.*

Morgens steigt die Sonne aus dem Meer, läuft über den Strand und schlüpft mit ihrem goldenen und vorwitzigen Blick in Aixis Hütte.

Eine Bö aus Licht und Salzgeruch sucht nach ihr und findet sie nicht. Aixi schläft auf einer Liege mitten in dem Haufen Netze, wie ein Boot in den Wellen, und man muss gut nach ihr, dem Fischlein, suchen und sie aus dem Netz des Schlafs lösen.

Aixi öffnet die Augen, rauft sich die korallenfarbenen Haare und würde am liebsten noch ein bisschen im Bett bleiben. Sie stellt sich vor, dass jemand aus dem Meer kommt, um ihr Frühstück zu bringen.

Ein Hummer wankt auf seinen kurzen Beinchen herbei, in einer seiner riesigen Scheren bringt er eine Tasse Milchkaffee und in der anderen einen Keks. Doch die Schere drückt zu fest zu und der Keks zerbricht und fällt in Krümeln zu Boden.

»Also wirklich *longhifante*, altes Scherentier, du kriegst auch nichts auf die Reihe«, beschwert sich Aixi.

»Aufgewacht, meine Hübsche, du bist nun mal kein reiches Stadtkind«, sagt der Hummer mit den Stielaugen, »du musst aufstehen und deinem Papa Kaffee machen.«

Aixi murrt, steigt von der Liege und bahnt sich einen Weg durch die Dünen aus Bojen, Rudern und alten Netzen, die von Erinnerungen an die Tiefe durchtränkt sind, öffnet die Tür der Hütte und geht zur Kochstelle unter der Schilfveranda. Der Mistral rüttelt sie ordentlich durch. Aixi dreht die Gasflasche auf, Papa will, dass sie nachts immer verschlossen ist, seit Rodrigos Hütte in die Luft flog und dabei ein Boiler wie eine Raumkapsel in den Himmel düste. Aber das war damals nicht nur die Gasflasche, da sind auch die hundert im Fußboden versteckten Dynamitstangen explodiert, hinterher war da ein Loch, so groß wie ein Vulkankrater. Als der Carabiniere in den Schlund schaute, hat er nur den Kopf geschüttelt. Papa, hat Aixi da gesagt, was ist denn in echt passiert? Sei still, mein Fischlein, hat Papanino geantwortet, steck deine Nase nicht in solche Sachen. Und dabei lachte er.

Damals lachte er viel. Er war kräftig und braungebrannt, sein Bart war so struppig wie ein Hirtenhund, und er rauchte Zigarre. Manchmal gab er an und rauchte sie verkehrt herum, mit der glühenden Spitze im Mund, um zu zeigen, dass er früher Dynamitfischer und Fischwilderer war. Als man vom Boot aus denen am Ufer die Glut nicht zeigen durfte. Zehn eingesammelte Fische und hundert tote, was für ein blödes Massaker, hat Papanino immer gesagt, aber wir hatten Hunger.

Und seht ihn euch jetzt an. Knochig und blass, von der Krankheit gezeichnet, seine dürren Arme, die vor nur einem Jahr noch brockenschwere Netze eingeholt haben und die jetzt zittern, wenn er bloß einen Teller hält. Der heisere und keuchende Atem, und auf dem Nachttisch seine Medikamente und zwei runzlige Orangen, das Einzige, was er jetzt noch gerne isst.

Papa hört die *caffettiera* sprotzeln und sagt:

»Ich steh selber auf, Aixi, ich mach das schon.«

Aber sie weiß, dass ihr Vater morgens so müde ist, dass es ihn sogar anstrengt, aufzustehen und sich zu waschen, früher ist er immer zum Pinkeln ans Meer gegangen, hat es eine Weile betrachtet und zugeschaut, wie die Boote weit hinausfahren, in Richtung der Linie, die den Wind verrät. Das macht er nicht mehr. Er geht vom Bett zum Korbstuhl. Das Meer betrachtet er nur von Weitem, seine Sehnsucht ist so groß, dass es ihm weh täte, es zu berühren.

Aixi bringt ihm den Espresso, und Papa drückt ihren Arm. Seine Augen sind erloschen, wie bei Fischen, wenn sie zu lange im Netz bleiben und unter Schmerzen sterben, der Strandfloh knabbert an ihnen, frisst ein Auge, macht ein Loch in ihren Bauch, nagt an ihrer Schwanzflosse.

Papas Strandfloh heißt Lungenkrebs, und da kann man nichts machen. Nur diese Ampullen, die den Schmerz stillen.

Maria Alina wird Aixi genannt, sardisch für Sardelle, weil sie genauso dünn ist wie eine. Sie ist rot wie ein Fuchs oder eine Koralle, ein kleiner Wildfang, weder schön noch hässlich, aber von einer urwüchsigen Anmut, derentwegen sie allen gefällt. Sie spaziert bis ans Wasser. Es gibt ein paar Wellen, aber so, dass man arbeiten kann, am Ankerplatz liegt nur ein einziges Boot, das von Dodone, der seit einer Woche blau ist. Die anderen sechs Boote sind mitten in der Nacht rausgefahren. Das schönste Boot fehlt ganz, die *Annetta*, benannt nach ihrer Mutter, smaragdgrün mit einem schönen weißen Sonnenzelt, der Statue des heiligen Andreas am Bug und den in der Sonne glitzernden Netzen, jede Schuppe ein Edelstein. Und einem Motor mit zweihundert PS, der in der morgendlichen Stille immer wie ein Räuberherz gepocht hat, dem Fischfang entgegen.

Damals ist Papanino fast jeden Tag hinaus aufs Meer gefahren, auch bei Windstärke drei, er konnte geschickt mit Netzen umgehen, aber an den Langleinen war er der Beste der ganzen Küste. Damals waren sie beinahe glücklich, denkt Aixi. Oder vielleicht war nur Aixi glücklich. Mama und sie bereiteten stundenlang Köder vor, Seescheiden, Kraken und Sardinen hängten sie an manchmal fünf-, sechshundert Angelhaken. Mama seufzte und mühte sich ab und hing an ihrer Bierflasche. Sie mochte diese Arbeit nicht. Vielleicht ist sie deshalb abgehauen, kaum ist Papa krank geworden. Ein bissiger Tadel für das Leben, das er sie hatte führen lassen. Doch Papa war immer sanft zu Anna und hat ihr alles verziehen, auch wenn sie besoffen war und sich wie ein Hexengespann aufführte.

So ist es gelaufen, das Meer hat alles gesehen und erinnert sich. Vertrau dich dem Meer an. Es erzählt mit geschlossenen Lippen, wie wenn man beim Untertauchen den Atem anhält.

Papanino fuhr immer mit Mandrago zum Fischen raus, der Fischer mit nur einem Auge und der Binde vor dem anderen, einer, von dem niemand weiß, wo er herkommt, vielleicht aus Istrien. Aixi mochte ihn nicht, er hat sie immer mit seinem einzigen Muränenauge angeschaut und versucht, ihren Arm zu drücken oder sie zu streicheln. Und dann dieses eine Mal … aber sie hat sich gewehrt und dem Papa nichts gesagt. Aixi kann listig sein und beißen, halb Fuchs, halb kleiner Haifisch.

»Papa, hattest du Schmerzen heute Nacht?«

»Ein bisschen.«

Nicht nur ein bisschen. Aixi hat gehört, wie er sich herumgewälzt und geflucht hat. Gheo, der Hund, der da wohnt, wo es ihn gerade hinverschlägt, ist zwei- oder dreimal gekommen, auf die Netze geklettert und hat gesagt: Was können wir tun? Nichts, Gheo, nichts. Nur die Medikamente löschen die Schmerzen aus. Im Krankenhaus würden sie ihm regelmäßig welche geben. Aber Papa will da nicht hin. Er will beim Sterben nicht den Gesängen der Krankenwagen zuhören, sondern denen der Wellen. In dieser schiefen und vom Wind aufgeblasenen Hütte, die als letzte übrig geblieben ist, alle anderen sind mittlerweile kleine Zementhäuser, bequem, aber farblos, wie eine Theke mit Tiefkühlfisch.

»Papa, soll ich dir deine Medizin geben?«

»Es ist keine mehr da«, sagt Papanino, dreht den Kopf zum Sonnenstrahl, und Aixi sieht, dass er eine neue Falte am Hals hat, wie ein Messerstich, als ob er einen Fisch voller Gräten verschluckt hätte. Jeden Tag nimmt ihm die Krankheit ein bisschen Schönheit. Auch wenn er nur für sie schön ist.

»Papa, lass uns den Schatz verkaufen und dafür Mortium kaufen.«

Papa lacht. So nennen sie es zum Scherz.

»Das Morphium ändert nichts. Verkauf den Schatz nicht, der ist deine Mitgift. Versprich mir das. Niemals, nie. Wenn wir den verlieren, dann ist das wirklich das Ende. Und jetzt geh in die Schule.«

»Kann ich nicht bei dir bleiben?«

»Nein, geh schon. Mittags kommt der Doktor und gibt mir eine Spritze. Dann geht's mir gut. Lauf zur Schule.«

Der Bus hat wie immer Verspätung, auf der verlassenen Strandpromenade findet nur eine geheime Zusammenkunft von Möwen statt. Sie diskutieren darüber, was besser ist: ein Fisch oder eine schön volle Mülltüte. Die Saline glänzt in einem gleißenden Licht und stinkt nach Kadavern, das Wasser sinkt, der Sommer hat davon getrunken. Doch es gibt noch genug, um Flamingos zu beherbergen. Diese tollpatschigen, tauben, windschiefen Flamingos, die ständig gebückt dastehen, um mit dem Schnabel den Sand durchzusieben, wobei sie zur heiligen Artemia beten, dem Krustentier ihrer Kost. Doch wenn sie sich zum Flug erheben, werden sie zu Engeln. Wie Aixi im Wasser. An Land läuft sie krummbeinig. Doch wenn sie im Wasser ist, wird sie eine Sirene, sie kann zehn Meter in die Tiefe tauchen und länger als eine Minute unten bleiben, sodass sich alle im Boot Sorgen machen.

Der Bus verbindet zwei Welten, die Jahrhunderte voneinander entfernt liegen. Die Hütten am Meer vom tagsüber weißen und nachts neongelben Dorf. Der frische Mistral von der stickigen Luft. Und sie von Aida.

Aida ist dreizehn, nur ein Jahr älter als Aixi. Doch sie ist hundert Jahre moderner. Sie hat einen rosa Bodysuit, auf dem *University of* steht, und ein Handy, an dem Pandabärchen und Kaninchen hängen, sie schminkt sich und hat jeden Tag eine andere Frisur. Sie hat einen Geliebten, der Fußball spielt, und vielleicht macht sie mit ihm schon alles, das kleine Ferkel. Aida arbeitet im Zeitungskiosk, lächelt Touristen zu, spricht sogar ein bisschen Englisch. Sie stinkt nicht nach alten Netzen und Ködern wie Aixi, sie riecht nach Kaugummi und Illustrierten.

Der Bus kommt. Nur Sam steigt aus, ein schlanker und lebhafter Senegalese, der im Sommer zu einem Arcimboldo aus Badetüchern, Haaren und afrikanischem Schnickschnack wird, doch jetzt, wo die Saison vorbei ist, hilft er im Restaurant *Stellamaris*, dem Stolz der Gegend. Er grüßt und eilt weiter, er ist spät dran.

»Aixi«, sagt Aida, sobald sie sitzen und der Bus mit einem müden Ächzen losgefahren ist, »was hast du denn da an? Siehst du nicht, dass du lauter Flecken hast? Und meinst du wirklich, dass man zu dieser Jahreszeit Flipflops tragen sollte?«

»Ich war in Eile, als ich mich angezogen habe.«

»Ich weiß nicht, wie ich dir das klarmachen soll«, sagt Aida, ihr Pfefferminzkaugummi kauend, mit ihrem schönen Profil und den orientalischen Augen, die in die Ferne schauen, während die Saline in einem weißen Glanz endet und die von Oleander und Eukalyptus beschattete Straße beginnt. »Du bist recht hübsch, aber du richtest dich übel zu. Schau dir mal deine Hände an.«

Meine schöne Aida, würde Aixi gerne antworten, seit ich sechs Jahre alt bin, bereite ich Köder vor, ich habe geschwollene Hände von den Stichen der Angelhaken und von den Stacheln der Seeskorpione, die ich putze, und von den Seeigelstacheln. Hast du je ein Netz gelöst? Was weißt du schon, eingesperrt in dein bequemes Kartenhäuschen, in Bettdecken mit lächelnden Stars gehüllt?

»Am Sonntag spielt Oscar gegen diese Bergtrottel, der Name der Mannschaft fällt mir gerade nicht ein, aber da ist es schön, das Fußballfeld ist nahe am

Wald, danach gehen wir alle Pilze essen. Es gibt einen Mannschaftsbus, am besten setzt du dich zum Tormann, der ist sechzehn, ein bisschen alt für dich, aber echt cool. Magst du mitkommen?«

»Ich kann nicht, wie du weißt.«

»Ach«, seufzt Aida, »ich weiß, dass du mit deinem Vater in deinem Pfahlbau bleiben willst. Bei mir ist es so, je weniger Zeit ich mit meinem Vater verbringe, desto besser …«

»Und wenn er eines Tages krank wird?«

»Sein Problem … Tschuldige, Aixi, ich will ja nicht sagen, dass es schlecht ist, wenn du bei deinem Papa bleibst. Aber, ich meine, sie leben in einer anderen Welt, sie sind beim Dynamit, Wildschweinetöten, Drei-Tage-lang-Blausein, Einander-die-Netze-Klauen und Sich-gegenseitig-übers-Ohr-Hauen stehengeblieben. Was hat das mit uns zu tun, ich kann ihre Geschichten von der Armut und was sie alles Verrücktes angestellt haben nicht mehr hören, wie kann man der Armut nachtrauern? Ich will in der Stadt leben, von hier abhauen. Dich dagegen lockt nichts vom Meer weg. Du bist schlimmer als ein Fisch, an Land schnappst du nach Luft. Früher oder später brauchst du einen Freund. Wer soll das sein, wenn du hier bleibst? Einer dieser Fixer, die nachts am Strand herumirren? Ein Fischer, der nicht einmal mehr Geld für Diesel hat?«

»Am liebsten ein Hummer«, lacht Aixi.

»Und der Surflehrer?«, lacht Aida und hopst auf ihrem Sitz. »Na, der gefällt dir doch, oder? Ich habe euch zusammen lachen sehen. Cooler Typ, ein bisschen klein, aber cool.«

»Er ist nett«, sagt Aixi und wird rot, »und er ist gar nicht klein, du suchst dir nur immer die Bohnenstangen mit Motorrad aus. Außerdem …«

Weißt du, wer mir gefällt, Aida? Einer, der immer weiß, welcher Wind ihm ins Gesicht weht. Der mindestens zwanzig Meter tief tauchen kann, wenn er die Luft anhält, und siebzig Meter mit Sauerstoffflasche, und der mir von der Dunkelheit da unten erzählt. Und der vorherige Arzt hat mir gefallen, der, der gesagt hat, dass Papa durchkommt. Vielleicht hat er gelogen. Und mir gefällt der ganz blaue Neptun, der auf dem Votivbild an der Andachtswand in der Nähe von Geppos Haus. Ein schielender Poseidon, der mit seinem muskulösen Arm das kaputte Boot von Miguel an Land bringt. Und mir würde einer gefallen, der an Land mit Sprüngen fliegen könnte wie ein Delfin. Aber was weißt du schon davon, Aida, die du keinen Aal von einer Muräne unterscheiden kannst?

In der Schule vergeht die Zeit nie. Neben dem Pult hängt eine riesige Karte mit den Kontinenten und Ozeanen. Der Lehrer erklärt, dass vor Millionen von Jahren alles eine einzige unermessliche Insel war, und die Berge, die jetzt auf dem Meeresgrund stehen, waren einstmals Spitzen und Gipfel in der Sonne. Er erzählt das, als ob es damals schöner gewesen wäre, als ob das Meer alles ruiniert hätte, alles verschlungen. Ihr wollt eine Welt der Städte und Wüsten, und das Meer ist Touristenkram, um Fische und Sonnenuntergänge herauszuholen. Aber das Meer ist der wahre Herrscher, nicht ihr, die ihr kippelig mit nur einem Fuß auf einer Handvoll Erde und Steine steht. Dann wird König Ozean zornig und erklärt den Krieg, macht Wellen, die tausendmal stärker sind als jede eurer Waffen, und ertränkt eure Fernsehnachrichten. Die Berge sind so schön, da unten versteckt. Mit dem Lot kann man am Grund die Felsnadeln, Kämme und Schluchten erahnen. Und noch tiefer gibt es seltsame, leuchtende Fische. Das tiefe Meer ist der letzte Ort, wo man noch auf etwas treffen kann, das einem den Atem verschlägt. Als sie mit dem dreifachen Stellnetz diesen nie gesehenen Fisch hochgezogen haben, lang und durchsichtig, der aussah, als hätte er eine Weihnachtsbeleuchtung verschluckt, mit seinem großen erstaunten Auge, das zu sagen schien: Es ging mir so gut da unten, warum habt ihr mich entführt?

»Aixi«, sagt der Lehrer, »wo bist du mit deinen Gedanken? Unter Wasser, wie immer?«

Und sie lachen. Lacht nur, lacht nur. Ihr seid bloß Papierboote.

Unwirtlich der Rückweg von der Schule. Der Mistral ist aufgezogen, die grünen und aschefarbenen Wellen schlagen gegen die Barrikaden aus Neptungras, der Sand überschwemmt die Straße und knirscht im Mund. Alles bewegt sich in Böen. Gheo rennt und es wirkt, als könnte er jeden Moment in die Luft fliegen, ein Drachenhund, dann fällt der Wind plötzlich in Ohnmacht. Gott Äolus bläst, aber ab und zu geht ihm die Puste aus, wie Aixi, als sie beim Fest der heiligen Rita den Luftballon hatte aufblasen wollen und fast in Ohnmacht gefallen ist.

Sie kann mehr als eine Minute unter Wasser bleiben, aber an Land ist sie ungeschickt und tollpatschig wie ein Flamingo, ihre Beine verknoten sich, ihr Kopf hängt nach unten und die Haare fallen ihr vors Gesicht.

Papa, auch du bist im Meer ein Teufel, aber an Land bist du ein *tostonigu*, eine gestrandete, tapsige Meeresschildkröte. Langsam und schwerfällig, immer mit Zigarette im Mund oder in der Bar herumlümmelnd mit einem Bierchen in der Hand, um die Mädchen vorbeigehen zu sehen und ihr Gewicht zu schätzen, als wären es Thunfische. Und hustend und Schleim spuckend.

Als sie das sagte, konnte sie noch nicht wissen, dass die Krankheit schon angefangen hatte, an ihm zu nagen. Und sie fraß eilig, diese Hexe. Von innen, wie eine giftige Perle.

Was steht da vor ihrer Hütte? Ein riesiger Jeep, einer von denen, die Wüsten durchqueren sollen, doch dann bleiben sie in der Saline stecken und kommen nicht mehr heraus. Der Wagen gehört Tante Ornella, die immer weiß gekleidet ist und böse wie eine Möwe, ihr Schnabel ist mit Lippenstift angemalt, und bei ihr steht Mandrago, lächerlich im Jackett; wenn die beiden sich zusammentun, kann nichts Gutes dabei herauskommen.

Tante Ornella war eine schöne und schlaue junge Frau, die umworbenste der ganzen Küste, mit flammendem Haar und einem Profil wie auf einer antiken Münze. Sie hat nie einen Fuß auf ein Boot setzen oder ein Netz anfassen wollen. Sie sprang mit einem Satz in das Schlauchboot eines Stinkreichen, der ein Hotel an der Nordküste besaß, verführte ihn als die Sirene und das Flittchen, das sie war, und hatte so mit achtzehn schon einen kleinen Laden mit Korallen, Muscheln und Schals an der Strandpromenade der Hauptstadt. Auf diese Weise ist sie der Mühe entkommen, nachts aufzustehen, und den Angelhaken, die einem in die Finger pieken, und den stinkenden Schuppen überall. Das hat sie geschickt angestellt.

Jetzt schaut sie Aixi gespielt liebevoll an, Mandrago an ihrer Seite. Aixi weiß schon, was sie sagen wird.

Papa baut schnell ab, Aixi. Er sollte in einem Krankenhaus behandelt werden. Und du solltest mir helfen, ihn davon zu überzeugen. Wenn du mit mir ins Dorf kommst, folgt er dir vielleicht. Denk doch mal nach, du bist schon fast zwölf, eine kleine Frau. Ihr habt einen Pakt geschlossen, aber das ist ein Pakt zwischen Verrückten. Früher oder später wirst du ohnehin zu mir kommen und bei mir bleiben müssen; sobald Papa stirbt, reißen sie die Hütte ab, das weißt du.

Papa lebt noch hundert Jahre, würde Aixi gerne sagen, aber sie kann gerade noch ihre Tränen zurückhalten, vor Zorn beben und Mandrago wütend anschauen.

»Jedenfalls«, seufzt die Tante, »habt ihr kein Geld mehr, Nino wird nicht wieder fischen gehen, ihr könnt so nicht weitermachen. Wenn du willst, dass dein Papa beim Sterben ein bisschen gepflegt wird, sag mir wenigstens, wo der Ast ist.«

»Es gibt keinen Ast«, sagt Aixi.

»Ich habe ihn gesehen«, sagt Mandrago, »erzähl keine Lügen. Schön dick, der ist mindestens zwanzigtausend Euro wert, sag uns, wo er ist, und wir kaufen Vati Medikamente für ein ganzes Jahr, und es bleibt noch etwas übrig. Wozu haltet ihr ihn denn versteckt?«

»Es gibt keinen Ast«, sagt Aixi. »Papa hat ihn letztes Jahr den Neapolitanern verkauft.«

»Du bist eine Lügnerin«, sagt Mandrago.

»Und du ein Dieb«, spuckt Aixi aus. »Papas neue Angelschnüre, wo sind die geblieben? Und du hast auch fünf feine Netze gestohlen, ich kann zählen, weißt du.«

»Sei still, Aixi«, sagt die Tante, »du bist ein wildes Tier. Und du weißt gut, dass du ein schwaches Herz hast, auch du musst dich gesundpflegen. Keine Antwort? Umso schlimmer für dich. Ab heute gebe ich für deinen Vater keinen Cent mehr aus. Entweder gibst du mir den Ast, oder ihr leidet ab morgen Hunger.«

Stille.

»Und früher oder später wirst du bei mir leben, Tierchen, und ich werde dir das Fell langziehen, und du wirst nicht mehr so übel zugerichtet herumlaufen. Ich schäme mich, mit dir verwandt zu sein.«

»Tu es für Vati«, sagt Mandrago mit einer Grimasse wie ein falscher gutmütiger Clown.

»Verzieht euch«, knurrt Aixi, und ihre roten Haare sehen aus wie ein Feld brennender Ähren.

Papa schläft, er schläft inzwischen fast immer, das ist eine Art Training für das Jenseits, aus seinem Mund kommt ein erstickter Ton, wie wenn ein Fisch mit Gefäßpfropf hochkommt. Aixi schaut aus dem Fenster, Tante Ornellas Jeep ist nicht mehr da und Mandragos Mofa auch nicht. Also kramt sie unter den Netzen, in einer Ecke, die nur sie kennt. Dort gibt es eine kunstgerechte Falltür im Holzfußboden, Papa hat sie gebaut, als sie noch nicht geboren war. Früher bewahrte er dort die Dynamitstangen auf und die Dinge, die er in den Gräbern fand. Alles verkauft, einschließlich der falschen römischen Amphore, die drei Jahre im Meer gealtert war, mit Napfschnecken, die mit Klebstoff angeklebt waren. Jetzt ist sie in der Villa eines Produzenten aus Rom. Und der falsche Bernsteinschmuck. Schöne Zeiten der List und des Kunsthandwerks, zusammen mit Geppo. Jetzt ist da nur noch der Schatz, eingewickelt in Zellophan.

Es ist ein Korallenast von mindestens anderthalb Kilo, ein fächerförmiges Korallenskelett. Unten hat es einen Durchmesser von dreizehn Zentimetern, man könnte eine Skulptur oder eine gigantische Perle daraus machen, so große sind wirklich selten. Nach zwanzig Jahren hat es nichts von seiner Schönheit verloren. An Schönheit verliert es nur ein bisschen, und das blitzartig, wenn es aus dem Wasser kommt. Unten war es das rote und brennende Leben von Geschöpfen, in der Luft erstarrt es zu einer toten, verzehrenden Farbe, die es nicht zulässt, nach jemand anderem benannt zu werden: korallenrot. Die Sehnsucht nach dem Feuer, die Schönheit der Glut. Papanino bekam es von Geppo als Lohn dafür, dass er eine Saison lang als Seemann für ihn arbeitete. Aixi berührt die feinen Äste, streichelt sie. Es ist ihr Schatz, solange sie den haben werden, bleibt der Pakt mit dem Meer gewahrt. Sie werden ihn nie verkaufen. Und wenn Papa nicht mehr sein wird, wird sie ihn immer bei sich behalten.

Papa ist aufgewacht und klagt, mit einem unterdrückten Schrei, wie ein Nachtvogel. Aixi macht ihm eine Gemüsebrühe und ein Stück Käse zurecht. Das

Geld ist alle, die Medizin ist alle, die letzte Tomate aus dem Gemüsegarten ist gepflückt, nur der Schmerz kennt keine Jahreszeiten, sagt Luna.

Die ganze Nacht klagt Papanino, Aixi hört ihm zu und diskutiert mit dem Meer. Und im Morgengrauen weiß Aixi, was sie tun muss.

Geppo wohnt da, wo die Straße aufhört, sein weißes Haus ist ein Bug, der auf allen Seiten vom Meer umspült wird, es ist die Spitze der Welt. Vor dem Haus steht eine Villa, in der eine seltsame Dame wohnt, die immer mit einem riesigen Fernrohr aufs Meer schaut. Die Villa ist von Pinien und einer alten rosafarbenen Mauer umgeben, der Mauer der Andacht. Aixi liebt sie sehr. Dort sind die Votivbilder der Fischer, für erwiesene Gnade, auch manche Geschichte, die schlecht ausgegangen ist, denn erinnern muss man sich trotzdem. Die Fischer haben viele Schutzheilige: Sankt Petrus, Sankt Andreas, Sankt Dusèl und Poseidon. Dem heiligen Andreas ist das kleine Bildchen von Fernandez gewidmet, der einen lustigen Schwertwal mit Schnurrbart gemalt hat, in Erinnerung daran, wie er ihm begegnet ist und sie sich unterhalten haben. Es gibt eine kleine Holztafel mit einem gelben Blitz, der Marianos Hütte in Brand setzt, seiner Frau, die sich die Haare rauft, und drei fliehenden Kindern, und darauf steht: *Danke, Sankt Petrus, dass nur der Hund gestorben ist.* Und es gibt einen etwas dicklichen Heiligen, vielleicht Sankt Dusèl, der das Boot von Ponzese aus dem Wasser hebt und es aus dem Unwetter herausholt. Dann sind da ein ganz aufgeblasener blauer Mann und eine Spinne mit Teufelshörnern und eine

Madonna mit etwas dichten Augenbrauen und darunter ein Datum. Das war, als Sireus von einer extrem giftigen Libelle gebissen worden war und auf der Stelle tot schien, doch nach drei Tagen hatte er sich erholt und aß eine ganze Woche lang. Und dann noch der schielende Neptun, der Miguel aus dem Sturm rettet. Und ein totes Kind, der Sohn von Luisanna, den das Meer erst nach einem Monat zurückgegeben hat, doch er war noch intakt, als ob er eine Stunde zuvor gestorben wäre, ein etwas blödes Wunder, denkt Aixi, besser, er wäre gar nicht erst von der Klippe gefallen. Und das schönste Bild, in eine Korktafel geritzt, besteht aus vier Momenten:

Gino, der ein antikes Grab betritt

und dann darin eingeschlossen bleibt,

und ein Gespensterskelett fängt an zu leuchten und in die Nacht schreiend mit den Knochen zu klappern,

und Ginos Kumpane folgen dem Skelett, finden das eingesackte Grab und buddeln ihn aus.

Aixi bahnt sich einen Weg zwischen den Wacholderbüschen, und ein schmaler Pfad bringt sie in den Garten von Geppo und Luna. Das Blau der Bleiwurz, das Rot der Schwertlilien, das Rosa der Oleander. Hier also war das Paradies. Man hört ein Geräusch wie von einem riesigen Insekt, das umherfliegt.

Geppo war der größte Taucher und Korallenfischer der Insel, er schoss Zackenbarsche so groß wie Ichthyosaurier, riss in allen Wassertiefen Äste ab und hat mehr Haie gesehen als ein amerikanischer Film. Nun ist er siebzig Jahre alt und kennt alle Geschichten der Küste. Die anderen Korallenfischer sind tot oder verkrüppelt, halb blind oder im Rollstuhl. Wenn man so oft mit der Sauerstoffflasche fünfzig Meter oder noch tiefer taucht, kriegt man früher oder später einen Gefäßpfropf. Geppo hat nur ein etwas steifes Bein, aber er hat sich immer durchgeschlagen, er war der Erste, der mit eigenen Händen eine Überdruckkammer baute und sie auf seinem Boot montierte, wodurch er sich und vielen anderen das Leben gerettet hat. Jetzt hat er aufgehört, er sagt, dass er keine Sehnsucht nach dem Meer hat, aber sein Stuhl zeigt immer zum Blauen hin, sein Blick ist dort, all seine Reden enden dort.

Er trägt wie immer ein Hemd mit Ölflecken und kurze Hosen, die vor hundert Wäschen einmal blau waren. Gerade sticht er mit dem Goldschmiedebohrer in ein Stück Bernstein. Manchmal verschenkt er die Schmuckstücke, manchmal verkauft er sie, manchmal sagt er, dass er sie gemacht hat, aber wenn der Käufer ihm dumm genug erscheint, sagt er, dass es antikes Zeug sei, von den Phöniziern, den Nuraghen, den Babyloniern. Schließlich verstehen sie ohnehin nichts davon.

Er hört Aixi von hinten kommen, schaltet seinen brummenden Bohrer aus und dreht sich um. Das Bernsteinpulver verdunkelt sein Gesicht.

»Aixi, spionierst du mich aus, dass du dich so von hinten anschleichst?«

»Entschuldige, aber … du warst bei der Arbeit.«

»Ich mache einen Skarabäus, ein wunderschönes, fast antikes Schmuckstück. Möchtest du es haben? Ich weiß eh, dass du es nicht behältst, sondern sofort verkaufst.«

»Du hast schon so viel für uns getan. Aber wir brauchen Geld. Wenn wir durchhalten, kann Papa vielleicht wieder fischen gehen.«

Geppo steht auf, er ist so breit wie ein Baumstamm im Dschungel, hat kurze Beine und wankt leicht. Halb Neptun, halb bärtiger Krebs.

»Du weißt selber, Aixi, dass die guten Zeiten des Fischfangs vorbei sind. Jetzt fängt man nur noch ein Zehntel von dem, was man früher gefischt hat. Die verbotenen Schleppnetze sind schuld, und die vom Hafenamt, die das nicht kontrollieren, sondern Komplizen sind. Diejenigen, die den Grund verwüsten, die das Bilgewasser ablassen, die nicht kapieren, dass das Meer Respekt verlangt – die sind daran schuld. Im Ministerium haben sie das nicht kapiert, aber hier auch nicht. Also leckt mich doch alle am Arsch.«

»Sprich nicht so, Geppo«, sagt eine raue und sanfte Stimme.

Da kommt Luna, seine Frau. Sie ist eine weißhaarige Hexe, die alle Geheimnisse der Kräuter und Gifte kennt, sie ist sanft und wild, wenn es sein muss, Aixi wäre gerne wie sie. Nur sie kann Geppos Tobsucht stoppen, der, wenn er wütend wird, die Doppelflinte nimmt und am liebsten auf die ganze Welt schießen würde.

Wie einmal, als zwei Tätowierte mit Ghettoblaster und Musik auf voller Lautstärke ankamen und den ganzen Strand taub machten, da ist er hinuntergegangen, um höflich darum zu bitten, die Musik leiser zu drehen, und ein Tätowierter meinte:

»Ich mag es so.«

Geppo hat nicht geantwortet, sondern ist zurück ins Haus gegangen, hat die Schrotflinte geladen, ist wieder zum Strand runter und hat auf den Ghettoblaster geschossen, peng, und das größte Stück, das übrig blieb, war eine Klappe.

»Ich mag es so«, sagte er zu den Tätowierten, und die waren in nur drei Sekunden verschwunden.

»Wie geht es Papa?«, fragt Luna.

»Schlecht, würde ich sagen …«

»Können wir etwas für dich tun?«

Plötzlich ist es ganz still, dann hört man von ferne ein Boot in den Hafen zurückkehren und ein Gurren von Turteltauben.

»Ja«, sagt Aixi. »Ich hätte gerne das kleine Boot. Die *Flamme.*«

Geppo hebt eine Augenbraue und droht mit dem Zeigefinger. Nun sieht er wirklich aus wie Neptun.

»Und was willst du damit anfangen?«

»Ich will … fischen gehen«, sagt Aixi.

»Mach keine Witze, Kleine«, sagt Geppo, »du bist erst zehn.«

»Fast zwölf. Aber ein Boot kann ich führen. Ich bin viele Male mit dem von Papa gefahren. Ich weiß, wie ein Motor funktioniert, du hast einen Lombardini mit fünfundzwanzig PS, den kenne ich. Ich bin schon oft auf dem Meer gewesen.«

»Das Boot liegt seit einem Monat nur herum, nur mein Neffe benutzt es, wenn er mit seiner Freundin in irgendeiner kleinen Bucht vögeln will. Den Motor habe ich diesen Winter überholt, aber er macht Probleme, ab und zu lässt er einen im Stich. Und wenn dich das Hafenamt erwischt, bin ich im Arsch.«

»Ich bitte dich, Geppo, wenn der Motor aussetzt, wo ist das Problem? Ich kann rudern. Ich fahre nur hundert, zweihundert Meter raus. Um Forellenbarsche zu fischen. Papa hat Lust auf Fisch, wir haben kein Geld. Ich kann mit der Langleine umgehen, das weißt du. Die Hälfte der Fische gebe ich dir.«

»Nein. Wenn dich jemand sieht, werden wir da alle mit hineingezogen.«

»Aber du kennst den Carabiniere doch. Ihr habt zusammen getürkte Amphoren verkauft und außerdem …«

»Sei still, verfluchtes Gör«, sagt Geppo und tut so, als sei er wütend, »spionierst du mir nach?«

»Komm schon, ich bitte dich … niemand wird mich sehen. Ich fahre um sechs raus, mittags komme ich zurück. Wo ist das Risiko? Mit Papa bin ich auch bei schwerer See rausgefahren, wir haben uns immer durchgeschlagen. Ruixat sagt, dass es drei Tage schön sein soll.«

Ruixat ist der älteste Fischer des Ortes, er hat mehr Tätowierungen als der coolste Rapper und liegt mit seinen Wettervorhersagen richtiger als die Nachrichten. »Kleine«, sagt er zu ihr, wenn er blau ist, »hier scheint morgen die Sonne, aber in Maracaibo werden sie mit den Zähnen klappern.« Er schwört, dass er als junger Mann in Maracaibo gewesen ist, auf einem Handelsschiff. Vielleicht ist es wahr, obwohl er zweihundertfünfzig Jahre alt sein müsste, wenn man alle seine Geschichten und Unternehmungen zusammenzählt.

Geppo streicht sich durch den Bart, schaut aufs Meer, kratzt sich am Bauch. Als Neptun ist er aus der Form. Er seufzt.

»Welcher Wind weht gerade?«

»Gerade ist Seewind, leichter Schirokko«, sagt Aixi, »aber bald wird der Wind drehen. Ich kenne die Küste Meter für Meter, ich kenne die Landmarken, ich schwöre, dass ich mich nicht entferne. Ich fahre mit dem Mistral zum Leuchtturm, dort fischt man immer irgendetwas, ich bitte dich, Geppo.«

»Du allein im Boot …«

»Lass sie rausfahren«, sagt Luna mit sanfter Stimme, »ich bitte dich darum. Ich vertraue ihr, das Mädchen ist in Ordnung. Und in ihrem Alter hast du es viel schlimmer getrieben. Dynamitfischer, Raufbold und Wilderer!«

Geppo schaut seine Frau an und verzieht das Gesicht. Dann schaut er Aixi an. Auf dem Boot hat er das Sagen, aber an Land … Und außerdem hat er schon gemerkt, dass das Mädchen fähig ist, sich das Boot zu klauen, wenn er es ihr nicht gibt.

»Na gut, ich leihe es dir ein einziges Mal. Nimm ein wenig Diesel mit. Wann fährst du?«

»Morgen früh.«

»Ein einziges Mal?«

»Ich schwöre beim heiligen Andreas und dem heiligen Dusèl. Ich fange zwei oder drei Kilo Suppenfisch, Papa muss etwas Nahrhaftes essen, er kann nicht bloß von Orangen leben.«

»Na gut«, sagt Geppo, »Luna, gib ihr einen Tintenfisch.«

»Nein, den mag Papa nicht, er sagt, dass er davon in seinem Leben schon eine Million gegessen hat.«

»Der ist nicht für ihn, sondern zum Ködern. Jedenfalls fischst du hier in der Nähe, oder?«

»Ich schwöre«, sagt Aixi.

»Mit den Händen hinter dem Rücken?«

In dieser Nacht schläft Aixi nicht.

Sie sitzt auf der Veranda und schaut in die Sterne; als sie die Taschenlampe anknipst, bricht ein Falterschneesturm los. Die Langleine und hundert Angelhaken hat sie schon vorbereitet. An fünfzig hat sie Tintenfischstückchen als Köder gehängt. An weitere fünfzig vier stinkende Riesensardinen, die sie sich von Sam hat schenken lassen, dem Schwarzen aus dem Restaurant. Nun liegt die Angelschnur schön aufgerollt in einer Holzkiste. Sie hat auch eine Wasserflasche, einen Gummihandschuh und einen Kescher bereitgelegt, denn wenn sie einen dicken Fisch fängt, wird sie das brauchen. Ich werde dich mit nach Hause nehmen, Eisenzahn, sagt sie, während sie zu den Sternen schaut. Geppos Boot schaukelt sanft vor dem Haus des Korallenfischers. Der Halbmond ist schneeweiß. Hekate, du Göttin der Hexen, hilf mir, ich bin keine Hexe, aber Oma war eine.

Papa schnarcht wie ein Sturm. Er argwöhnt nichts, sie hat sich wie üblich verhalten, hat die letzten beiden Eier gekocht, ihm den Kissenbezug gewechselt, hat versucht ihn zum Waschen zu überreden, aber er hat gewinselt wie ein Kind, dann ist er in den Schlaf gesunken, heute hat der Doktor ihm seine Medizin um sechs gegeben. Gute Nacht.

Als ihre kleine Plastikuhr halb vier anzeigt, gleitet Aixi hinaus. Sie läuft im Dunkeln den Strand entlang, niemand sieht sie, da ist nur das Schwirren eines Vogels irgendwo zwischen den Tamarisken. Sie gelangt zu den Halteleinen, hat den Kescher auf den Rücken gebunden, balanciert die Kiste auf dem Kopf und geht ins Wasser, so weit sie kann, fast bis zu den Schultern. Dann zieht sie die Leine, und die *Flamme* gleitet langsam zu ihr. Den Korb hinein, dann den Kescher, dann Aixi mit einem flinken Satz.

Sie beginnt zu rudern, die Ruder sind groß und schwer, aber sie ist eine Galeerensklavin, sie pullt, bis sie weit genug entfernt ist, um den Motor anzulassen. Zwei oder drei Schläge, dann brummelt der Herr Lombardini und fährt los, Geppo weiß, wie er seine Sachen funktionstüchtig hält. Doch er hat sie gewarnt.

Vergib mir, Geppo. Ich werde nicht bloß zweihundert Meter rausfahren, dort würde ich nichts fangen. Ich weiß, wo ich hinmuss. Die Landmarken sind die letzte Laterne der Strandpromenade auf der einen Seite und die Leuchtturmspitze auf der anderen. Ich werde auf drei Meilen kommen, wo es eine gute felsige Tiefe gibt, dort findet man Zahnbrassen und Rotbrassen, früher fing man da jedes Mal bis zu fünfzig Kilo, mir würde schon ein Fisch reichen. Aber ein großer. Sankt Dusèl und Neptun, steht mir bei, ich habe gute Köder, einen Tintenfisch, zart wie Butter, und eine Riesensardine, die stinkt wie eine tote Nonne, die Angelschnur der Langleine ist fast neu, die Angelhaken sind spitz und das Meer ist ruhig. Ich habe es viele Male mit Papa gemacht, nun werde ich es alleine schaffen.

Sie merkt sofort, dass sie einen ersten Fehler gemacht hat. Sie hat nur ihr nasses Hemd, es ist zwar eins zum Surfen, aber ihr ist schon etwas kalt, und auf dem Boot gibt es weder eine Strickjacke noch eine Öljacke. Klar, Geppo hat ja erwartet, dass sie nur zweihundert

Meter hinausfahren würde, in der frühen Morgensonne, er konnte nicht ahnen, dass sie im Dunkeln aufs offene Meer ausbüxen würde. Oder?

Um halb sechs ist sie da, wo sie hin wollte, sie lässt langsam die Langleine hinab, das ist der schwierige Part. Mit dem Fuß kontrolliert sie das kleine Ruder, mit einer Hand legt sie den Gang des Motors ein und bringt das Boot voran, mit der anderen Hand muss sie, einen Angelhaken nach dem anderen, die Langleine hinablassen. Zwei- oder dreimal rutscht ihr Fuß ab, sie fährt ein bisschen Zickzack, aber sie hat das ja schon gemacht, die Angelhaken tauchen ins Wasser ein, alle acht Meter einer.

Sie schwitzt, verletzt sich an einem Angelhaken, flucht. Doch schließlich hat sie ihre Falle über einen Kilometer ausgebreitet. Die rote Boje der Langleine schaukelt in der Morgenröte. Aixi wirft den Anker, der zwar nicht auf Grund trifft, sie aber bremst und sie nicht abtreiben lässt. Sie darf die Boje nicht aus dem Blick verlieren. Der Wind ist sanft und weht leicht Richtung Ufer.

Nun stellt sie sich die Angelhaken vor, da unten in vierzig Meter Tiefe, und die Fische, die im Dunkeln daran vorbeischwimmen. Schaut nur, was für schöne Köder, meine Freunde, kommt schon, beißt doch zu. Es ist für einen guten Zweck. Eisenzahn, Glubschauge, Rotschwanz, Serdouk und all ihr Fische, die ihr zwischen den Felsen dort unten wohnt, einmal sollt ihr nicht zu schlau sein. Hunger, Hunger, Hunger, das ist, was ihr spürt. Kommt und beißt an.

Sie trinkt ein wenig Wasser, streckt sich aus, schläft aber nicht, wehe, wenn sie sich von der Stelle entfernt.

Sie stellt sich neue Votivbilder mit neuen Geschichten vor.

Das Boot ist nicht mehr sechs, sondern sechzig Meter lang, sie führt hundert japanische Fischer an, sie ziehen zentnerweise Kabeljau aus einem schwarzen, geheimnisvollen Meer. Oder siehe da, am ersten Angelhaken hängt ein Riesenkalmar, zehn gallertartige Meter, und sie schafft es, ihn ans Ufer zu bringen, Fotos in allen Zeitungen. Oder sie wird von Piraten mit Augenklappe angegriffen, sie duelliert sich mit allen und wird ihre Königin. Sie geht in Maracaibo an Land und macht mit Ruixat eine Eisdiele auf. Dann kommt ihr dieses schöne Buch mit dem Alten und dem Marlin in den Sinn. Wie hieß er noch? Santiago. Sie ist Santiago, Sankt Jakobus. Noch ein Heiliger. Jetzt ist es an der Zeit, die Angelhaken einzuholen.

Mit klopfendem Herzen lässt sie den Motor wieder an und nähert sich der Boje. Nach und nach holt sie die erste Langleine ein, zieht fünfzig Meter Angelschnur mit dem Gummihandschuh hoch. Nichts an den ersten zehn Angelhaken. Dann ein Forellenbarsch, ein kleiner und aufgeblasener Schriftbarsch mit aufgeplatzter Schwimmblase. Davon findet sie zwölf hintereinander. Suppenfisch, der nichts wert ist, verdammt. Tut mir leid, Forellenbarsch, wenn ich dich beschimpfe, sehr freundlich von dir, dass du bei mir angebissen hast, aber dich wollte ich gar nicht. Weitere fünfzig Angelhaken nichts, nur weitere Schriftbarsche und zwei kleine Streifenbrassen. Es fehlen noch ungefähr zehn Angelhaken.

Plötzlich spürt sie ihn. Bevor sie die Angelschnur in der Hand hat, merkt sie, dass er da unten ist.

Schwer und wütend zerrt er an der für ihn verfluchten Schnur. Eisenzahn hat den Angelhaken verschluckt und jetzt will er nicht hochkommen. Sie zieht ein bisschen an der Angelschnur und es durchfährt sie: Er ist groß. Ihr Herz klopft, er ist groß.

Immer mit der Ruhe, du kannst es nicht sofort schaffen. Du musst ihn müde machen und Geduld haben. Du bist wie Papa, du bist wie Santiago. Bald schon wird die Sonne brennen, los, Aixi. Du weißt doch, wie man das macht.

Sie zieht eine Weile mit Hilfe des Motors, aber es gelingt ihr nicht, ihn von der Stelle zu bewegen, er kommt ein bisschen hoch, verschwindet aber sofort wieder in eine andere Richtung, und sie muss hinterher. Er ist groß, sehr groß, ich muss es schaffen. Der Handschuh ist schon zerrissen, die Hand blutet. Aber Aixi lässt nicht locker. An ihrer Seite stellt sich Herr Lombardini der Kraft des Unterwasserkriegers entgegen.

Doch dann setzt der Motor plötzlich aus. Lombardini hat aufgegeben. Das hat gerade noch gefehlt. Ich werde es auch ohne ihn schaffen.

Die Sonne geht auf, und ich bin immer noch hier. Aixi stemmt sich mit den Füßen gegen den Bootsrand, fährt sich mit der Hand über den Mund und hat das Gesicht voller Blut. Eisenzahn hängt zehn, fünfzehn Meter tief, er wird langsam müde, aber er kämpft noch.

Aber auch Aixi kann kämpfen, mit all ihren Kräften erobert sie Zug um Zug die Angelschnur. Er kommt hoch, er kommt hoch. Ihr Herz zerspringt, Schweiß bedeckt ihre Stirn und rinnt ihr in die Augen. Nun sieht sie ihn, einen wunderbaren weißen Fleck unter ihr. Santiago, Sankt Dusèl, ihr Engel des Wassers, Aixi, lass nicht locker. Es fehlt nicht mehr viel, aber jetzt kommt der schwierige Teil, es wäre furchtbar, ihn jetzt zu verlieren. Sie nimmt den Kescher. Heiliger Neptun, mach, dass die Angelschnur jetzt nicht reißt, mach, dass er sich nicht vom Angelhaken befreit. Komm zu mir, Eisenzahn, ich hab dich lieb, ich habe nichts gegen dich, ich tue es für Papa. Auch ich habe einen Papa, sagt Eisenzahn, das tut mir leid, antwortet Aixi, aber er wird mindestens tausend Kinder von deiner Sorte haben. Sie zieht noch einmal, ihre Hand brennt, das Herz bebt. Nun geht sie mit dem Kescher unter den Fisch, sie verfehlt ihn zweimal. Dann gelingt es ihr, ihn zu umfangen. Er ist im Netz und schlägt wutentbrannt mit seinem Schwanz. Mit beiden Händen schleudert sie ihn ins Boot. Es ist eine wunderbare rosafarbene Zahnbrasse. Mindestens sechs, sieben Kilo. Ein Meter lang, nicht viel kürzer als sie. Sie würde am liebsten schreien, aber der Himmel kippt. Sie fällt in Ohnmacht.

Nach vier Stunden hämmert die Sonne. Eisenzahn ist immer noch am Leben, er schlägt leicht mit dem Schwanz. Komm wieder zu dir, Aixi. Der Rest der Langleine muss eingeholt werden. Warum schlägt das Herz so schwach? Jetzt ist es einfach, es reicht, den Motor anzulassen, und ich bin zu Hause. Ein, zwei oder drei Versuche. Zehn Versuche. Aber der Motor springt nicht mehr an. Aixi legt sich auf den Boden des Boots, Hände und Rücken tun ihr weh, sie spürt, dass sie gleich wieder in Ohnmacht fällt. Eisenzahn kommt ihr nahe. Sie packt ihn am Schwanz. Wenigstens sterben wir gemeinsam.

Um vier Uhr nachmittags kommt Geppo mit dem großen Boot. Die Frau mit dem Fernglas ist zu ihm gekommen, um ihm zu sagen, dass die *Flamme* reglos mitten auf dem Meer liegt. Er hat nicht lange gebraucht, um zu begreifen, was los ist. Er nimmt sie an Bord, wickelt sie in eine Decke, Aixi zittert.

»Alles in Ordnung?«

»Und der Fisch?«

»Auch der ist gerettet. Mindestens acht Kilo. Ich weiß nicht, ob ich dich beglückwünschen oder dir eine runterhauen soll.«

»Tut mir leid, Geppo.«

»Deinem Vater erzähle ich nichts. Aber wenn du das nochmal machst, werfe ich dich ins Meer, mit einem Stein an den Füßen.«

Sie lächelt. In den Himmel über sich und in Neptuns Gesicht, der es nicht schafft, ihr böse zu sein, aber er macht sich Sorgen und gibt ihr zu trinken.

Die ganze Küste erfährt an diesem Abend, dass sie zusammen fischen gegangen sind, Geppo und Aixi. Und das kleine Mädchen hat mit ihren eigenen Händen acht Kilo Eisenzahn herausgezogen. Den sie sofort an ein Restaurant verkauft haben, zweihundert Euro. Wenige wissen die Wahrheit. Papa ist zufrieden, er hat die gebratenen Forellenbarsche mit Appetit gegessen. Er sieht das Geld auf der Kommode und kann es kaum glauben. Das habe ich dir ja gut beigebracht, sagt er mit einem Lächeln, dem ersten seit Langem.

Auch der Arzt kennt die Wahrheit. Er ist gekommen, hat Aixi auf ihrer Liege gefunden, und Luna neben ihr. Er hat ihr Herz abgehört und den Kopf geschüttelt.

Tu das ja nie wieder. Die Herzklappe und so weiter. Aber wirklich acht Kilo?

Acht Kilo, ganz rosa wie ein Sonnenuntergang und silbern wie ein Schwert und Zähne wie ein Drachen.

Nun schläft Aixi.

Und träumt von der Wand, die voller neuer Bilder ist.

Papa ist wieder gesund, und sie gehen wieder fischen und fangen jeden Tag zwanzig Langusten. Auf einem anderen Bild bringt Sankt Petrus den toten Papa in den Himmel, aber mit neunzig Jahren, und alle Boote feiern seine Beerdigung auf dem Meer.

Ein Walfisch frisst Tante Ornella.

Und dann sieht sie die alte Dame mit dem Fernrohr, die sie vielleicht gerettet hat, Aixi ist ihr nur zweimal begegnet, sie hat immer eine dunkle Sonnenbrille auf und trägt Schwarz, das Haus verlässt sie nie. Niemand weiß, woher sie kommt.

Träum schön, Fischlein. Aixi ist mit sechzehn eine kleine Dame geworden, lebt bei ihrer Tante und hat einen Volleyballspieler zum Freund, sie ist schön und elegant geworden, sie verspürt zwar noch Sehnsucht nach dem Meer, aber sie tanzt gerne, trotz ihres Herzens, das aus dem Takt fällt. Sie hat den Korallenast verkauft, um sich eine feuerrote Vespa zu kaufen. »Ich heiße Aixi, man schreibt es mit ›x‹, aber man spricht es Aiji aus, mit einem ›j‹ wie im französischen *Juliette* oder *jambes*.«

Aber nein doch. Aixi verlässt das Haus am Meer nicht, lernt ein zehn Meter langes Boot zu führen und fischt Schwertfische, und kein Hai wird ihr das wegnehmen.

Aixi wacht mit blutigen Händen auf und fällt wieder in die Tiefen des Halbschlafs.

Und sie sieht einen Widerschein, wie wenn man im Dunkeln unter Wasser ist und wieder nach oben schwimmt, gebündeltes Licht, das zu sagen scheint: Schlag mit den Flossen, Kleine, wer weiß, ob du die Welt noch wiederfinden wirst oder ob alles für immer verschwunden ist.

Die letzten beiden Bilder. In der Nacht darauf stirbt Papa. Aixi flieht im Morgengrauen, ehe der Jeep ihrer Tante und der schielende Mandrago und der Carabiniere oder sonstwer ankommen, um sie fortzubringen: Aixi geht ins Meer und schwimmt, bis ihr der Atem wegbleibt, und sie geht unter, immer weiter runter, umgeben von einem Ringelreihen aus Langusten und Eisenzähnen, und sie legt sich auf den Grund, und ein Fuß verfängt sich in einem alten Anker, und sie wird nie wieder auftauchen, sie wird dort bleiben wie eine Perle.

Oder Aixi macht im letzten Moment einen Purzelbaum wie ein Delfin und kehrt schwimmend an Land zurück. Sie will nicht mehr sterben und wirft sich erschöpft in den Sand, zu müde zum Weinen.

Und die Sonne geht auf und wärmt sie. Das Meer umzüngelt ihre Füße. Sonne und Meer sind groß, aber sie bemerken auch etwas so Kleines wie sie.

Quellen:

Motto *Die Pantherin*:

Jorge Luis Borges: ›La pantera/Der Panther‹, in: *Gesammelte Werke. Der Gedichte zweiter Teil. Das Gold der Tiger* (1972), S. 394f. Sowie in identischer Fassung auch in: *Der Gedichte dritter Teil. Die tiefe Rose* (1975), S. 22f. Übersetzt von Gisbert Haefs, München 1994, 2008.

Zitat S. 41 aus:

Federico García Lorca: ›Romance sonámbulo/Somnambule Romanze‹, in: *Zigeuner-Romanzen*. Spanisch und deutsch. Übersetzt von Enrique Beck, Leipzig 1977 (© Hamburg 1951), S. 16f.

Motto *Aixi*:

Publius Ovidius Naso: *Metamorphosen* XV, Verse 262–263, in: Ders.: *Metamorphosen*. Lateinisch und deutsch. In deutsche Hexameter übertragen und herausgegeben von Erich Rösch, 13. Auflage, München/Zürich 1992, S. 569.

Stefano Benni wurde 1947 in Bologna geboren, wo er auch heute noch lebt. 1981 publizierte er seinen ersten Lyrikband, erlebte jedoch den literarischen Durchbruch erst zwei Jahre später mit seinem Science-Fiction-Roman *Terra*. Seither zählt Benni zu den erfolgreichsten und bekanntesten Autoren Italiens, wo von seinen Büchern – Romane, Erzählungen und Gedichte – mehr als 2,5 Millionen Exemplare verkauft wurden. Seit 1992 hat er zudem zahlreiche Theaterstücke verfasst, von denen die meisten am Teatro dell'Archivolto in Genua uraufgeführt wurden. 1989 führte er Regie bei dem Film *Musica per vecchi animali*. Benni schreibt regelmäßig Kolumnen für ›Panorama‹ und die Tageszeitung ›Il Manifesto‹.

Bei Wagenbach erschienen:

Brot und Unwetter Roman

Die Bar Sport ist in Italien ein zentraler gesellschaftlicher Ort. Jeder dort nimmt an Diskussionen über den allgemeinen Erzfeind, den Staat, teil.

Aus dem Italienischen von Mirjam Bitter
WAT 714. 320 Seiten

Von allen Reichtümern Roman

Lebensweisheit und Witz, zarteste Poesie und giftender Sarkasmus, Klugheit und überbordende Erzählfreude: der italienische Literaturstar Stefano Benni in Höchstform!

Aus dem Italienischen von Mirjam Bitter
*Gebunden mit Schutzumschlag. Quart*buch. *224 Seiten*

Die Bar auf dem Meeresgrund Unterwassergeschichten

Das unterhaltsamste Buch des italienischen Satirikers: In einer Bar auf dem Meeresgrund treffen sich Geschichtenerzähler aus der ganzen Welt.

Aus dem Italienischen von Pieke Biermann
WAT 615. 208 Seiten

Geister Roman

Ein höchst phantasievoller Roman über unsere Zukunft, die Zauberin Melinda, eingefrorene Geister und einen videobesessenen Präsidenten.

Aus dem Italienischen von Hinrich Schmidt-Henkel
*Gebunden. Quart*buch. *420 Seiten*

Der Zeitenspringer Roman

Ein poetischer Roman über eine Generation, die in den sechziger Jahren aufwächst und sich eine andere Zukunft vorstellt.

Aus dem Italienischen von Moshe Kahn
*Gebunden. Quart*buch. *336 Seiten*

Kleine Romane für eine Nacht im *SVLTO*

Juan Marsé
Gute Nachrichten auf Papierfliegern
Papierflieger über Barcelona künden von nichts Geringerem als von Leben, Liebe und Tod. Eine ehemalige Varietétänzerin – eine alte Dame mit Papagei und Kanarienvogel – öffnet dem jungen Bruno die Augen: ein kleines Buch, das eine große Geschichte erzählt.
Aus dem Spanischen von Dagmar Ploetz
Rotes Leinen. Fadengeheftet. 96 Seiten

Jacques Roubaud
Der verlorene letzte Ball
Roman
Ein kleines Buch – große Themen: Es geht um Treue und Verrat, um Liebe und Opportunismus. Roubaud erzählt sparsam und fesselnd zugleich, wie aus einem leichthin gegebenen Versprechen grausamer Ernst wird, von dem Leben abhängen.
Aus dem Französischen von Elisabeth Edl
Rotes Leinen. Fadengeheftet. 120 Seiten

Sergio Pitol
Mephistowalzer
Erzählungen
Wie schon in dem Roman *Eheleben*, der Sergio Pitol in Deutschland bekannt machte, geht es auch im *Mephistowalzer* vor allem um die Liebe und ihre Geheimnisse.
Aus dem mexikanischen Spanisch von Angelica Ammar
Rotes Leinen. Fadengeheftet. 120 Seiten

Andrea Camilleri
Der geraubte Himmel
Die Liebe zur Kunst und die Liebe zu einer mysteriösen Dame gehen bei Camilleri eine vertrackte und später höchst gefährliche Verbindung ein. Der Kommissar ermittelt …
Aus dem Italienischen von Christiane von Bechtolsheim
Rotes Leinen. Fadengeheftet. 120 Seiten

Tania Blixen

Die Straßen um Pisa

Die Übernachtung in einem Gasthof nahe Pisa wird für einen jungen Grafen zu einem kleinen Abenteuer: Allmählich wird ihm klar, wie viele der hier Versammelten Komödie spielen und in diverse Eklats verwickelt sind.

Aus dem Englischen von Martin Lang und mit einem Nachwort von Jürg Glauser
Rotes Leinen. Fadengeheftet. 84 Seiten

Josep Pla

Die Schmuggler

Gelobt sei die Zeit, als Fahrradersatzteile auf dem Schwarzmarkt hochbegehrt waren. Zwei Fischer vergessen darüber ihre Profession, werden zu Schmugglern – und schippern mit einem Schriftsteller, der über das Geheimnis der Anchovis sinniert, die Costa Brava entlang. Ein Lob auf das süße Nichtstun!

Aus dem Katalanischen und mit einem Nachwort von Eberhard Geisler
Rotes Leinen. Fadengeheftet. 96 Seiten

Michèle Desbordes

Die Bitte

Eine Geschichte

Die Geschichte einer merkwürdigen Beziehung im 16. Jahrhundert. Zwischen einer einfachen Frau und einem berühmten Mann, am Ende ihrer beider Leben, am Ufer der Loire. Ein behutsamer Roman, konzentriert wie eine Zeichnung nach der Natur.

Aus dem Französischen von Barbara Heber-Schärer
Rotes Leinen. Fadengeheftet. 120 Seiten

Die Pantherin erschien im Sommer 2016 als 218. *SVLTO*.

Die italienische Originalausgabe erschien 2014 unter dem Titel *Pantera* bei Giangiacomo Feltrinelli Editore in Mailand.

Verlag Klaus Wagenbach, Emser Straße 40/41, 10719 Berlin
www.wagenbach.de
Umschlaggestaltung Julie August unter Verwendung einer Fotografie © Anna Zielinska / gettyimages
Gesetzt aus der Minion Pro und der Politica
Vorsatzpapier von peyer graphic gmbh, Leonberg. Leinen von Gebr. Schabert, Strullendorf. Gedruckt auf chlor- und säurefreiem Papier und gebunden bei Kösel, Krugzell.

ISBN: 978 3 8031 1317 7

9 783803 113177